Britt Nørbak

111 Orte in Westjütland, die man gesehen haben muss

111

emons:

Bibliografische Information der Deutschen Nationalbibliothek
Die Deutsche Nationalbibliothek verzeichnet diese Publikation in der Deutschen Nationalbibliografie; detaillierte bibliografische Daten sind im Internet über http://dnb.d-nb.de abrufbar.

FSC www.fsc.org
MIX
Papier aus verantwortungsvollen Quellen
FSC® C083411

© der Fotografien: außer:
Ort 13: Søren Thomsen, Colourbox; Ort 17 unten: Fanø Kunstmuseum;
Ort 40 oben: Colourbox, unten: Fiskeriets Hus; Ort 50: Vattenfall;
Ort 65 beide: Carsten Medom Madsen, Colourbox;
Ort 66: Knud Erik Christensen, Colourbox;
Ort 98: Museum Sønderjylland Kulturhistorie Tønder;
Ort 108: Erik Rosenlund, Colourbox
© Kunstwerke: »Papirsklip«, Ort 17 oben: HuskMitNavn;
»Borgerne fra Holstebro«, Ort 31: Bjørn Nørgaard;
»Jesu Hånd«, Ort 33: Bjørn Nørgaard;
»Punktet« (Teil von »Cyklus«), Ort 39: Leo Andersen;
»Survival oft he Fattest«, Ort 74: Jens Galschiøt
© Covermotiv: shutterstock.com/Maridav
Layout: Eva Kraskes, nach einem Konzept
von Lübbeke | Naumann | Thoben
Übersetzung aus dem Dänischen: Sarah Andresen
Kartografie: altancicek.design, www.altancicek.de
Kartenbasisinformationen aus Openstreetmap,
© OpenStreetMap-Mitwirkende, ODbL
Druck und Bindung: CPI – Clausen & Bosse, Leck
Printed in Germany 2019
ISBN 978-3-7408-0588-3
Originalausgabe

Vorwort

Was die Westküste so besonders macht? Mehr als nur weiße Sandstrände und offene Weiten. Es gibt hier immer noch die Stille, die im Alltag und auch in den Ferien oft fehlt. Die Westküste bietet einen herrlichen Kontrast zu Großstädten wie Venedig, Amsterdam und Barcelona, wo viele Einwohner das Gefühl haben, sie wohnen in Disney World, da es das ganze Jahr über von Touristen wimmelt. In manchen Augen mag es der Westküste an Attraktionen mangeln, dafür gibt es aber einen Überfluss an kleinen Museen, kreativen Gärten und Künstlerwerkstätten.

Das besondere Klima der Westküste ist nicht nur beim Strandbaden zu genießen. Sie können auch Austern sammeln, Sanddorn pflücken, Qualitätswhisky herstellen und auf Bernsteinsuche gehen. In diesem Buch können Sie über dies und vieles andere mehr erfahren.

Die Öffnungszeiten der örtlichen Museen können sich laufend ändern, daher schauen Sie am besten noch einmal auf der Homepage nach, bevor Sie losfahren. Und fahren Sie mit dem Auto, da die versteckten Juwelen mit dem öffentlichen Verkehr oft schwer zu erreichen sind. Dafür werden Sie entlang der ganzen Westküste Gastfreundschaft, Hilfsbereitschaft, Stolz und eine gewisse Bescheidenheit erleben.

Setzen Sie die romantische Abenteuererbrille auf bei der Erkundung der kleinen wundersamen Orte, die von der Geschichte oder von weitsichtigen Erneuerern erschaffen wurden. Können Sie die Größe im Kleinen erkennen, so ist die jütische Westküste unerschöpflich.

Ein herzlicher Dank an all diejenigen, die mir bereitwillig den Weg gewiesen, Tipps zu halb versteckten Orten gegeben und meine Fragen beantwortet haben. Euer lokalhistorisches Wissen ist Gold wert. Ich hoffe, dieses Buch vermittelt auch Ihnen, liebe Leserin, lieber Leser, dass die jütische Westküste eine Region ist, in der Sie stets unvergessliche Erlebnisse, Ruhe und Besinnung finden.

Britt Nørbak

111 Orte

1 Der Nabestein

Ein vergeblicher Kampf um ein verschwundenes Dorf

»Andenken an die Thybewohner im Kampf von Nabe, 3. Oktober 1657«, steht in schwarzen Buchstaben auf dem großen Stein in Agger. Der Nabestein ist ein Gedenkstein für die 200 bis 300 Einheimischen, die in der Schlacht von Nabe ihr Leben verloren.

Um die 1.500 Thybewohner kämpften am besagten Datum gegen 700 schwedische Soldaten, die der schwedische König Karl Gustav über Agger Tange nach Nordjütland gesandt hatte. Die Thybewohner hatten bei Agger Tange Schanzen aufgestellt, und der Durchbruch, der einige Jahre zuvor durch eine Sturmflut entstanden war, war Teil der Abwehr der Stadt Nabe. Hinter der Schanze standen 1.500 kampfbereite Bauern mit Reitern, angeführt vom lokalen Adel. Aber als die Schweden am Morgen des 3. Oktober über die Schanze kamen und die Thybewohner über die Flanke und im Rücken angriffen, war es den Thybewohnern unmöglich, ihre Stellung zu halten, und die, die nicht flüchten konnten, wurden getötet.

Dass der Nabestein in Agger steht und nicht in Nabe, liegt daran, dass Nabe eine der Städte ist, die vom Meer »verschlungen« wurden. Genau dort, wo die Thybewohner nichts gegen die Schweden unternehmen konnten, konnte auch das Land dem Meer nicht standhalten, und so erfolgte im Laufe der Jahre bei Lodbjerg ein massiver Einschnitt ins Land. Ab und an tauchen antike Gegenstände in der dunklen Schicht der Steilküste auf, welche beweisen, dass hier in der Stein-, Bronze- und Wikingerzeit Menschen gelebt haben. Die Küste bei Lodbjerg war vor wenigen hundert Jahren fast zwei Kilometer weiter draußen im Meer, und die Stelle, an der Nabe lag, ist nun etwa einen Kilometer weit draußen in der Nordsee.

Am 350. Jahrestag der Schlacht bei Nabe 2007 wurde von einem Nachfahren eines der Gefallenen in Anwesenheit vieler Einheimischer ein Kranz am Gedenkstein niedergelegt. Im Anschluss gingen alle gemeinsam zur Kirche in Agger, wo der Museumsdirektor einen Vortrag über die Schlacht von Nabe hielt.

Adresse Vesterhavsvej / Enebærvej, Agger, 7770 Vestervig | Tipp Die Steilküste bei Lodbjerg ist etwas Besonderes. Sie können die einzelnen Schichten der verschiedenen geologischen Perioden erkennen, weshalb die Steilküste als »25 Millionen Jahre alte Torte« bezeichnet wird.

2 Die Friedensskulptur

Ein Künstler verwandelt Bunker in Maultiere

Blåvand ist bekannt für seinen kilometerlangen Sandstrand, der sauber, breit und kinderfreundlich ist. Sind Sie gerade am Strand oder zumindest in der Nähe, dann sollten Sie sich auch etwas Kunst gönnen und Richtung Süden nach einem Kunstwerk mit einer ganz besonderen Geschichte Ausschau halten.

Anlässlich des 50. Jahrestags der Befreiung Dänemarks von der deutschen Besatzung wurden 1995 viele verschiedene temporäre Kunstwerke entlang der jütischen Westküste errichtet. Das einzige davon, das heute noch existiert, ist die »Friedensskulptur« des englischen Künstlers Bill Woodrow am Strand von Blåvand. Das Kunstwerk besteht aus vier Bunkern, die in Maultiere umgewandelt wurden. Auf einen Betrachter, der die Intention Woodrows nicht kennt, könnte die Skulptur auf den ersten Blick etwas schräg wirken, doch der Künstler machte sich bei der Umsetzung des Werks viele Gedanken.

Bill Woodrow sagt, dass es sein Ziel war, ein einfaches Kunstwerk zu kreieren. Seine erste Idee war es, die Bunker mit Köpfen und Schwänzen in Esel zu verwandeln, dann änderte er jedoch seine Meinung und machte lieber Maultiere daraus. Er entschied sich für die Maultiere, da sie Kreuzungen aus Eseln und Pferden sind und sich daher meist nicht fortpflanzen können. Laut Bill Woodrow sollte sich auch der Faschismus in einer idealen Welt nicht fortpflanzen können. Er freut sich darüber, dass seine Kunst die Bunker lächerlich aussehen lässt, und hofft, dass es dem Betrachter ebenso geht.

Bill Woodrow hat die Aufgabe, aus hässlichen alten Kriegsbunkern Kunst zu erschaffen, sehr kreativ gelöst. Im Sommer werden die vier künstlerischen Maultiere vor allem von Kindern gerne benutzt, um auf ihnen herumzuklettern und übers Meer zu schauen. Viele Touristen machen ein Picknick auf den Maultieren, und Badegäste nutzen sie, um Schutz vor Wind und Sonne zu suchen.

Adresse Blåvand Strand, Fyrvej, 6857 Blåvand | Tipp Besuchen Sie auch den Blåvandshuk Leuchtturm am Strand. Der 39 Meter hohe Leuchtturm markiert Dänemarks westlichsten Punkt.

3 Horns Riff

Der westlichste Punkt Dänemarks mit Leuchtturm

Es ist hier von Vorteil, wenn Sie weder an Klaustrophobie noch an Höhenangst leiden. Sportlich veranlagt zu sein ist ein weiterer Pluspunkt, wenn Sie den 39 Meter hohen Blåvandshuk Leuchtturm erklimmen möchten.

Es ist beschwerlich, sich die 170 Treppenstufen hochzuangeln, aber es ist die Anstrengungen wert. Erleben Sie ein einzigartiges Panorama über dem Blåvand Strand. Blåvand an der Nordsee ist bekannt für seinen kilometerlangen Sandstrand. Hier gibt es keine starken Strömungen, und das Wasser ist flach und kinderfreundlich. Die speziellen Verhältnisse verdankt der Südstrand dem Horns Riff, das sich über 40 Kilometer in die Nordsee erstreckt und dadurch eine Art Lagune bildet.

Das Horns Riff besteht aus Sandbänken. Eigentlich sind es zwei Riffs, das innere Horns Riff und das äußere Horns Riff, welche durch einen fünf Kilometer breiten und 20 Meter tiefen Graben getrennt werden. Der Blåvandshuk Leuchtturm ist denkmalgeschützt und noch in Betrieb. Das Licht kann 42 Kilometer weit gesehen werden und warnt Seeleute vor dem Horns Riff. Von oben können Sie sowohl das Horns Riff als auch den größten Windpark der Welt sehen, der Horns Riff 1 genannt wird. Bei klarem Wetter können Sie die 80 Windenergieanlagen oben vom Leuchtturm, aber auch vom Strand aus sehen.

Insgesamt erbringen die 80 im Jahr 2002 etablierten Windanlagen eine Leistung von 160 Megawatt. Es ist der größte Offshore-Windpark der Welt – 14 Kilometer von der Küste entfernt. Horns Riff 2, der aus 91 Anlagen besteht und 30 Kilometer von der Küste entfernt liegt, wurde 2009 eingeweiht. Horns Riff 3 mit 49 Anlagen soll 2020 in Betrieb genommen werden und die Menge Strom produzieren, die dem Jahresverbrauch von 425.000 dänischen Haushalten entspricht.

Im früheren Haus des Leuchtturmwärters finden Sie eine Ausstellung über die Windmühlenparks. Der Eintritt ist frei.

Adresse Blåvand Leuchtturm, Fyrvej 106, 6857 Blåvand, www.visitwestdenmark.dk/blaavandshuk-fyr-gdk609953 | **Öffnungszeiten** wechselnd, siehe Homepage | **Tipp** Das größte erhaltene Holz-Feuerschiff der Welt heißt ebenfalls Horns Riff und liegt als Museumsfeuerschiff im Fischereihafen von Esbjerg. Mehr auf visitesbjerg.dk/museumsfyrskibet-horns-rev-gdk610163.

4_Die Tirpitz-Stellung

Ein ambitioniertes und ikonisches Museum

Während des Zweiten Weltkriegs sollte die Tirpitz-Stellung ein Teil des Atlantikwalls der Deutschen werden. Die Wehrmacht begann 1944 die Konstruktion des Bunkers in Blåvand, doch der Krieg endete, bevor der Bunker fertig war. Die Bunker-Ruine wurde stattdessen ein gut besuchtes Museum. Im Juni 2017, als die Tirpitz-Stellung eröffnete, war der Bunker das Tüpfelchen auf dem i, der die alte Kanonenstellung mit dem neuen großen Museumsraum über einen unterirdischen Gang verbindet. Das Museum ist nicht nur teils unterirdisch, sondern auch harmonisch in die Dünen- und Heidelandschaft integriert.

Es wurde vom weltbekannten Architekten Bjarke Ingels entworfen, der sowohl Stahl und Glas als auch Beton benutzte. Die vier Dächer, die zwischen 600 und 1.090 Tonnen wiegen, »schweben« über der Erde und ragen 14 Meter hoch in die Luft. Sie sind mit Strandhafer bepflanzt, sodass die Dächer wunderbar in die Dünenlandschaft passen. Die tragenden Strukturen des Museums liegen im Sand versteckt.

Man schätzte vor der Eröffnung, dass das Museum 100.000 Besucher im Jahr anziehen würde, lag damit aber weit unter den tatsächlichen Zahlen. Schon zwei Monate nach der Eröffnung hatten 100.000 Menschen das Museum besucht, und in den Winterferien 2018 erreichte man die 200.000. Etwa 40 Prozent der Besucher kommen, um die Architektur von Bjarke Ingels zu sehen.

Außer dem Tirpitz-Bunker gibt es die Ausstellungen »Eine Armee aus Beton«, »Bernstein – Gold des Meeres« und »Die versteckte Westküste«. Es ist ein außergewöhnliches Erlebnis, Tirpitz zu besuchen und mehr über die Menschen zu erfahren, die Hitlers Atlantikwall errichteten, und über die Soldaten und Zivilisten, die während des Zweiten Weltkriegs an der Westküste wohnten. Es ist fast schrecklich, in dem alten Bunker zu stehen, die tolle Beleuchtung zu erleben und die Geschichten zu hören, die sich hinter dem Beton verstecken.

Adresse Tirpitzvej 1, 6857 Blåvand, www.vardemuseerne.dk/museum/tirpitz | **Öffnungszeiten** 1. Juli – 15. Aug. täglich 9 – 19 Uhr, 16. Aug. – 30. Juni täglich 10 – 17 Uhr, Eintritt Erwachsene 125 Kronen, Kinder unter 18 Jahren gratis | **Tipp** Als die Tirpitz-Stellung eröffnete, wurde das Bernsteinmuseum von Oksbøl nach Blåvand verlegt. Die Bernstein-Ausstellung ist sehr umfangreich, Sie können unter anderem im Bernstein gefangene Insekten und Pflanzen sehen.

5 Der Garten in Hune

Die Liebe einer Frau zu den Blumen

Einer der schönsten Gärten der Welt liegt in Blokhus und ist bekannt unter dem Namen »Anne Justs Garten«. 2014 wurde er in Phaidons Buch »The Gardener's Garden« als einer der 250 schönsten Gärten der Welt aufgenommen. Aber der Garten ist mehr als nur schön. Er ist wundersam, gemütlich und sehr stimmungsvoll.

Anne Just wurde 1948 geboren, reiste um die Welt, war Multikünstlerin und mehrmals verheiratet, bevor sie sich in Hune niederließ. Der Garten ist 7.340 Quadratmeter groß und auf Sandboden angelegt. Die Hügel entstanden, als Anne Just ihren Mann dazu überredete, Häuser auf dem Grundstück zu bauen. Anne Just schuf viele verschiedene Bereiche im Garten, verziert mit Tausenden von Stauden. Diese werden laufend von einem Gärtner beschnitten. Man sollte den Garten übers Jahr verteilt besuchen, da er wunderbar den Lauf der Jahreszeiten zeigt. Dennoch ist der Garten im Sommer, wenn überall Bienen summen und alles blüht, schon etwas ganz Besonderes.

Sie erhalten eine Karte mit Wegbeschreibung, sodass Sie den Garten in der Reihenfolge besichtigen können, in der er entstanden ist. So stammt der Südgarten mit dem Rosenlusthaus von 1993, der Nordgarten mit dem Regenwasserbecken und dem Treibhaus von 1994 und der gelbe Garten von 2000. Sie dürfen gerne in alle Fenster schauen, an denen Sie vorbeikommen. Es ist außerdem möglich, eine Übernachtung im Haus, im Annexbau oder in der Werkstatt zu buchen.

Der Garten in Hune wird jährlich von 10.000 bis 13.000 Gästen besucht. Eine stattliche Zahl, dafür dass der Garten den größten Teil des Jahres nur wenige Stunden an drei Tagen in der Woche geöffnet hat. Die unterteilten Bereiche im Garten sorgen dafür, dass jeder Gast Platz hat.

Anne Just und ihr Garten wurden durch die Fernsehserie »Der Garten in Hune« bekannt. Die blumenliebende Frau erschuf einen wunderschönen Garten, der auch nach ihrem Tod 2009 in ihrem Sinne weitergeführt wird.

Adresse Postbakken 4, Hune, 9492 Blokhus, www.annejust.dk | Öffnungszeiten wechselnd, siehe Homepage, Eintritt Erwachsene 60 Kronen, Kinder unter 12 Jahren 30 Kronen | Tipp Im Kaffeehaus werden wohlduftendes Gebäck, Tee und Kaffee für 60 Kronen serviert.

6 Das Sandskulpturenfestival

Wenn aus Sand Kunst entsteht

Denjenigen, die Erfahrung mit wackeligen Sandburgen am Strand haben, wird es schwerfallen, von dem Anblick dieser Sandskulpturen nicht fasziniert zu sein. Sie behalten ihre Form und sind beeindruckend gestaltet. Seit 2013 veranstaltet der Skulpturenpark in Blokhus ein internationales Sandskulpturenfestival, wo zehn der weltbesten Sandskulpteure tolle Meisterwerke erstellen, während das Publikum ihnen über die Schulter schauen kann. Jedes Jahr gibt es ein anderes Motto. 2015 waren es »H. C. Andersens Märchen«, 2016 »Die wildesten Tiere der Welt« und 2017 »Magische Märchen«. Sind die zehn vier bis sechs Meter hohen Meisterwerke fertig, staunen die Besucher, dass die Skulpturen nur aus Sand bestehen und nicht aus Beton!

Es ist sehr spannend, den Künstlern bei der Arbeit zuzuschauen. Sie sind sehr freundlich, erzählen gerne von ihrer Technik und ihren Gedanken zum Kunstwerk und sind darauf eingestellt, ständig vom interessierten Publikum fotografiert zu werden. Die Besucher haben außerdem die Möglichkeit abzustimmen, welche Sandskulptur die beste ist. Das Foto ist von 2016 und zeigt die holländische Künstlerin Marielle Heessels bei der Arbeit an einer großen Tiger-Sandskulptur.

Das Festival ist in nur wenigen Jahren richtig groß geworden und zieht mittlerweile über 70.000 Besucher an. Deshalb wurde 2016 der 20.000 Quadratmeter große Park mit Sinnesgärten eingerichtet, in dem Skulpturen aus Holz, Stein, Eisen und Bronze stehen. Außerdem gibt es noch das »Blokhus Holzskulptur Festival« im Juni, bei dem zehn internationale Holzskulpteure drei Tage lang an meterlangen Holzstämmen arbeiten.

Während die Motorsäge für die Kunst geschwungen wird, fliegen den Künstlern die Späne um die Ohren – ein großer Kontrast zu den stillen Sandskulpteuren, die vorsichtig mit Sprühwasser und Maurerkelle arbeiten.

Adresse Skulpturparken Blokhus, Vesterhavsvej 6, Hune, 9492 Blokhus, www.skulpturparken.dk | **Öffnungszeiten** Anfang Mai – Ende Okt. täglich 11 – 21 Uhr, Eintritt Erwachsene 80 Kronen, Kinder 40 Kronen, kostenloser Eintritt für Kinder unter 3 Jahren | **Tipp** In Søndervig, 6950 Ringkøbing, gibt es ebenfalls jedes Jahr ein Sandskulpturenfestival.

7 Der Strand von Blokhus

Drachen, Kanonen und Entenrennen

Der Strand von Blokhus ist einer der schönsten Sandstrände Nordeuropas mit weißem Sand und hohen Dünen. Der Strand ist ein Teil des Stadtlebens von Blokhus und nicht nur fürs stille Sonnenbaden bestimmt. Er ist auch ein Autostrand – es ist ein tolles Erlebnis, so nahe an die Nordsee fahren zu können. Vom 1. Juli bis Mitte August ist es Tradition, sich um 21 Uhr am Strandkiosk zu versammeln, um zuzuschauen, wie die Blokhus Kanonlaug eine Kanone übers Wasser abfeuert, um auf diese Weise die Sonne »abzuschießen«. Aber auch ohne Kanone ist der feurige Sonnenuntergang einfach nur wunderschön.

Der Himmel und das Meer sind eine tolle Kulisse für den Sankt-Hans-Abend, der zur Sommersonnenwende am Strand gefeiert wird. Bei dem Fest, das jährlich Zehntausende anzieht, gibt es die traditionelle Rede, Lagerfeuer, Livemusik und Entenrennen.

Auch wenn Blokhus heute eine beliebte Urlaubsstadt ist, hat man nicht vergessen, dass es einst ein Fischerdorf war. Man kann immer noch frischen Fisch bei lokalen Fischhändlern kaufen, die mit ihren mobilen Verkaufsständen direkt am Meer stehen. Möchten Sie Ihren Fisch nicht selber zubereiten, ist das Blokhus Fiskerestaurant im Herzen von Blokhus zu empfehlen.

Über Pfingsten findet das »Blokhus Wind Festival« statt, bei dem Kitesurfer, Paraglider, Windsurfer und phantasievolle und farbenfrohe Drachen den Strand füllen, zu Land, zu Wasser und in der Luft. Kinder, Amateure und Profis benutzen den Strand Seite an Seite für die vielen Aktivitäten. Das Wind Festival ist ein Anziehungspunkt für Dänen, Schweden, Norweger und Deutsche. Im Laufe des Festivals gibt es Shows, Abendflüge, Flüge mit Riesendrachen sowie »Freies Fliegen«, bei dem Gäste ihre eigenen Drachen steigen lassen dürfen. Vielleicht treffen Sie ja Renate und Rainer Grafmann mit ihren tollen Drachen. Das Ehepaar reist jedes Jahr aus Hamburg an, um am »Blokhus Wind Festival« teilzunehmen.

Adresse Blokhus Strand, 9492 Blokhus, www.facebook.com/BlokhusLoekkenWindFestival | **Tipp** Fahren Sie mit dem Auto nicht über losen Sand, da Sie sonst stecken bleiben könnten. Es soll aber einen Einheimischen geben, der festsitzende Autos für 500 Kronen wieder rauszieht.

8 Das Caféhaven in Børglum

Bed & Breakfast mit Glaspavillons

Das Caféhaven in Børglum steht in der Beliebtheitsskala der Hotels in Dänemark ganz oben. Die Platzierung ist wohlverdient, denn das Caféhaven ist etwas ganz Besonderes mit seiner farbenfrohen und künstlerischen Einrichtung und dem herrlichen Garten, der diese Oase umgibt. Das Bed & Breakfast zieht viele Touristen an, die nicht in der Ferienstadt Løkken wohnen möchten, denn Børglum liegt nur sechs Kilometer entfernt in stiller und naturschöner Umgebung.

2007 überredete Anette Drivsholm ihren Mann Niels, aus dem früheren Bauernhof, auf dem sie schon seit 1980 leben, ein Bed & Breakfast zu machen. Niels war sich nicht sicher, ob es eine gute Idee war, den Schweinestall in Hotelzimmer zu verwandeln, aber schon in der ersten Saison pilgerten die Touristen hierher.

Der frühere Bauernhof war von 50 Ulmen umgeben. Als die Bäume jedoch krank wurden, schuf das Ehepaar einen ganz neuen Garten, der zur Entspannung einladen sollte. Es wurden außerdem vier herrliche Glaspavillons aufgestellt, die es bei jedem Wetter möglich machen, die Natur und den Sonnenauf- und -untergang zu genießen. Daneben gibt es mehrere Sonnenbänke und Terrassen, die die Gäste als Lagerfeuer- oder Grillplatz benutzen können.

Anette und Niels sind schon zusammen, seit sie 14 Jahre alt sind, und heute, mehr als 40 Jahre später, spürt man noch immer die Liebe, die die beiden verbindet. Als Niels fand, dass Anette zu viel Zeit damit verbrachte, Künstler für Ausstellungen zu finden, sagte er einmal im Scherz, dass sie doch selber anfangen könnte zu malen. Sie nahm ihn beim Wort und hat inzwischen mehrere große Malereien angefertigt, die das Hauptgebäude schmücken.

2015 wählte die Hotelsuchseite Trivago die sieben schönsten Hotels und Bed & Breakfasts in Dänemark. Unter ihnen befand sich auch das Caféhaven, neben Ruths Hotel in Skagen und dem Kokkedal Slot auf Nordseeland.

Adresse Vråvej 423, Børglum, 9760 Vrå, www.cafehaven.dk | Öffnungszeiten April–Okt., außerhalb der Saison muss das Zimmer telefonisch reserviert werden | Tipp Das historische Kloster Børglum ist nur zwei Kilometer entfernt und auf jeden Fall einen Besuch wert.

9 Olsens Paradies

Ein Garten der freien Phantasie

Seit 1984 ist Kent Olsen schon mit seinem Garten beschäftigt, sodass er heute in Dänemark einzigartig ist. Der Garten besteht aus kreativen und phantasievollen Landschaften mit Wellenhaus, Türmen, Innenhöfen, Brücken, Becken und einem eingebauten Alkoven. Man kann auf dem Teich rudern oder sich den Skulpturenpark ansehen, der ebenfalls von Olsen gestaltet wurde. Hier hängen viele nette Schilder mit Olsens Lieblingszitaten, als kleine Entschuldigung an seine Familie, da der Garten mehr Zeit in Anspruch nahm, als Olsen es sich jemals vorgestellt hatte. Das tut der Garten heute noch immer, und Olsen ist das ganze Jahr über hier zu finden, auch in der Weihnachtszeit, wenn der Garten geschlossen hat.

Als Kent Olsen als Werkführer aufhörte, hatte er eine beträchtliche Summe gespart, die er gerne für ein spannendes Projekt verwenden wollte, und als das Haus gebaut war, mit einem kleinen Teich dazu, war dies der Startschuss für Olsens Paradies. Olsen selbst bezeichnet sich als kreativen Kauz mit jeder Menge Ideen, die nur darauf warten, umgesetzt zu werden. Er ist ein einfühlsamer Mensch in den 70ern, und kann es nicht lassen, die Besucher des Gartens etwas zu necken. Ohne zu viel zu verraten – die Schilder mit der Aufschrift »Betreten auf eigene Verantwortung« sollten hier ernst genommen werden, wenn Sie keine nassen Füße bekommen möchten.

Die verschiedenen Pfade und Türme sind nach Olsens Familienmitgliedern benannt, und in einer der Brücken im Garten findet man im Zement einen kleinen Gruß an den Enkel.

Es gibt Hunderte von Sitzgelegenheiten im Paradies. Nach Absprache kann man den Garten auch für Feste mieten. Für selbst mitgebrachtes Essen kann man einen Grill leihen. Außerdem gibt es hier Kohle, Bier, Saft, Eis sowie selbst gemachte Vogelhäuser und Futterkästen zu kaufen. Hunde an der Leine sind auch willkommen.

Adresse Vester Vejrupvej 6, 6740 Bramming, www.olsens-paradis.dk | **Öffnungszeiten** 1. Mai – 15. Okt. täglich geöffnet, Eintritt Erwachsene 50 Kronen, Kinder in Begleitung eines Erwachsenen gratis | **Tipp** Der Eintritt muss bar bezahlt werden. Am Eingang steht ein Wechsler für Scheine, da nur Münzen angenommen werden.

10 Die Schlossruine Trøjborg

Eine spektakuläre Schlossruine

Die Schlossruine Trøjborg aus dem 14. Jahrhundert ist die älteste Sehenswürdigkeit von Bredebro – und vielleicht auch die schönste.

Die Mittelalterburg wurde als Festung mit mindestens einem Graben erbaut. Die Burg bestand aus einem zentralen Turm, der von vier massiven Mauern umgeben war, und einem kleineren Gebäude neben dem Turm. Die einzige Möglichkeit hineinzukommen war die Zugbrücke.

1407 wurde die Trøjborg von der Familie Limbek an Margarethe I. verkauft, die sie an den Bischofssitz Ribe weiterverkaufte. 1566 wurde der Feldherr Daniel Rantzau Besitzer des Schlosses, 1579 folgte ihm sein Bruder Peter Rantzau als Besitzer nach. Dieser riss die alte Mittelalterburg ab und errichtete ein neues Schloss im Renaissance-Stil, welches von zwei Schlossgräben umgeben war. In den 1740ern wurde das Schloss dem barocken Stil angepasst, und die Zugbrücke wurde durch eine steinerne Brücke ersetzt. 1851 wurde die Trøjborg von Knud Lausten Knudsen gekauft. Er bot das Schloss einige Jahre später dem Staat an, bekam aber eine Absage. Stattdessen wurde die Trøjborg 1854 abgerissen, Teile der Südmauer und des Kellers wurden für die Nachwelt erhalten. Ein einzigartiger Anblick, der öffentlich zugänglich ist.

Der größte Teil des bewahrten Mauerwerks stammt vom Renaissance-Schloss von Peter Rantzau. Es gibt auch Reste vom Überbau des Eingangstors, wo die Wappen von Peter Rantzau und seiner Frau Catarina von Dahms auf einer Tafel mit Inschrift zu sehen ist.

Die Ruine wird so gut wie möglich von Pflanzen frei gehalten, da diese die Mauern kaputt machen und überwachsen würden. Einige seltene Pflanzen dürfen jedoch bleiben, wie zum Beispiel das Zimbelkraut und der naturgeschützte Farn Mauerraute. Es ist möglich, einmal um die Ruine herumzugehen. Trauen Sie sich auch, die Brücke zu überqueren. So gelangen Sie in die Ruine hinein und können die Vergangenheit ganz nah erleben.

Adresse Trøjborgvej 21–30, Visby, 6261 Bredebro | **Tipp** Im Kongevej 59, 6270 Tønder, liegt Bachmanns Wassermühle von 1598. Diese wird auch Visemølle (Liedermühle) genannt, nachdem der Tønder Viseklub (Liederclub) sich 1974 in der Mühle getroffen hatte.

11 Das Akkordeonmuseum

Akkordeonmusik mit Schwung

Jeden Mittwoch pilgern Touristen in ihren Autos von nah und fern in den Tranum Engevej 250 in Brovst. Unter den Autofahrern sind Leute aus Mors, Thisted, Silkeborg und Deutschland. Sie alle kommen hierher, um am wöchentlichen Tanzabend teilzunehmen, bei dem verschiedene Akkordeongruppen die 150 Menschen zum Tanz auffordern.

Die Adresse beherbergt nicht nur die Räume für die Tanzabende, sondern seit 1990 auch ein Akkordeonmuseum mit Dänemarks größter Sammlung an funktionierenden Akkordeons. Das älteste Akkordeon ist über 150 Jahre alt und immer noch funktionstüchtig.

Das Museum wurde von Eva Petersen und Chr. Madsen Jensen eröffnet. Evas Großvater spielte Akkordeon, was Evas Interesse an diesem Instrument weckte. Als sie eines Tages vor einer Eisdiele anhielt, hörte sie einen Mann im Haus Akkordeon spielen. Es war Chr. Madsen Jensen, der Evas Leidenschaft für das Instrument teilte. Seit Ende der 70er und bis zur Eröffnung im Jahr 1990 sammelten Eva und Madsen, wie sie genannt wurden, alle Akkordeons, die sie finden konnten. Nach der Eröffnung wurden laufend weitere Instrumente gespendet. Einige Akkordeons waren auf dem Dachboden arg verstaubt, aber Eva und Madsen putzten und polierten und reparierten die Instrumente, sodass sie wieder spielbar waren. Die Arbeit zahlte sich aus. Die Sammlung umfasst nun etwa 1.400 Akkordeons und zieht Tausende von Touristen an.

Nach 25 Jahren ließ Eva Petersens Gesundheit es nicht mehr zu, das Museum weiterzuführen, und so ist das Museum nur noch mittwochabends zu besuchen, da nie eine Übergabe an einen neuen Besitzer stattgefunden hat. Viele ehrenamtliche Enthusiasten kämpfen heute für den Erhalt des Museums. Es besteht aus einem kleinen Raum, in dem die Akkordeons vom Fußboden bis zur Decke dicht an dicht gestapelt sind, und Sie dürfen alle anfassen und sogar auf ihnen spielen.

Adresse Tranum Engevej 250, 9460 Brovst, www.harmonikamuseet.dk | **Öffnungszeiten** das ganze Jahr über mittwochs von 19–23 Uhr, außer im Dezember und einigen Wochen im Januar, Eintritt 50 Kronen für den Tanzabend, 20 Kronen, wenn Sie nur das Museum besuchen | **Tipp** Beim Tanzabend kann man Bier, Wasser, Kuchen und Butterbrote kaufen.

12_Das Anemonental

Ein botanisches Juwel

Im Frühjahr werden Sie von herrlichem Blumenduft überwältigt, wenn Sie sich dem »Anemonedalen« nähern, welches zwischen den Tälern Fosdalen und Langdalen liegt. Sowohl das Fos- als auch das Langdalen sind historisch schöne Landschaften mit geschützten Wäldern, durch die insgesamt fünf abgesteckte Wanderrouten führen. Erwähnen Sie gegenüber einem Einheimischen, dass Sie das Fosdalen besuchen wollen, wird er Ihnen garantiert auch das Anemonental empfehlen. Folgen Sie der Empfehlung – besonders im April und Mai, wenn viele weiße und gelbe Anemonen wunderschön den Boden des Nøddedalen bedecken!

Das Anemonental liegt sehr versteckt, und Sie finden es nur unter dem offiziellen Namen Nøddedalen. Fahren Sie Richtung Naturzentrum Fosdalen und dann den Schotterweg Lien Gårde hoch. Auf der rechten Seite stoßen Sie auf ein rotes Info-Schild, das Ihnen zeigt, dass Sie auf dem rechten Weg sind. Beim Info-Schild fängt ein kleiner Pfad an, dem Sie 100 Meter folgen, bis ein weiteres rotes Info-Schild Ihnen den Eingang zum Nøddedalen weist. Und während es jetzt steil bergab geht – am besten haben Sie rutschfeste Schuhe an –, können Sie eine einmalige Aussicht genießen.

Das Nøddedalen ist ein einzigartiges botanisches Schmuckstück, wo im Frühjahr nicht nur Tausende von Anemonen, sondern auch Primeln und gelbes Scharbockskraut wachsen. Oben ist das Nøddedalen nur ein trockener Talhang, aber wenn Sie den Pfaden weiter folgen, wird der Boden sumpfiger, und Sie stoßen auf einen kleinen Bach, der aus dem Abhang kommt. Der große botanische Reichtum umfasst Haselnuss, Wacholder, Flieder und Weiden und vieles mehr. Wenn das Nøddedalen sich im Frühjahr ins Anemonental verwandelt, fühlt man sich wie in einem verwunschenen Wald! Das besondere Licht, der plätschernde Bach sowie der Duft der wild wachsenden Anemonen sind ein unvergessliches Abenteuer für die Sinne.

Adresse fahren Sie zum Fosdalvej, Lerup, 9460 Brovst, und dann den Schotterweg Lien Gårde (eine Sackgasse) hoch bis zu dem roten Info-Schild, das den Weg zum Nøddedalen weist | Tipp Das Naturzentrum Fosdalen organisiert verschiedene Naturwanderungen in der Gegend, darunter eine Lauftour durch die Fosdal Plantage. Mehr auf naturcenterfosdalen.dk.

13 Der Wasserturm

Ein besonderes Bauwerk wurde zum Wahrzeichen

Legen Sie den Kopf in den Nacken, bevor Sie die Treppe im Wasserturm hochgehen, und erspähen Sie die vier kleinen Türme (auch »Tourelle« genannt) an jeder Ecke. Keiner wird es Ihnen verdenken, wenn Sie an Rapunzel erinnert werden, da die Türme sehr märchenhaft gestaltet sind. Dies ist kein Zufall, da der Architekt H. C. Clausen (1866–1941) sich vom mittelalterlichen Nassauer Haus in Nürnberg inspirieren ließ und viele deutsche Architekturbücher darüber gelesen hat.

Der Wasserturm wurde 1896/97 auf einem alten Grabhügel aus der Bronzezeit erbaut und liegt gegenüber dem neu angelegten Hafen von Esbjerg. Da der Wasserturm auf dem höchsten Punkt, Bavnehøj, erbaut wurde, ist er im Stadtbild besonders markant und wurde zum Wahrzeichen Esbjergs. Seitdem wird der Wasserturm fleißig auf Postkarten, Fotografien und Gemälden abgebildet, und viele Firmen und Vereine benutzen ihn für ihr Logo.

Der Wasserturm von Esbjerg wurde im Jahr 1897 herzlich begrüßt, da es höchste Zeit war, dass die damals 9.000 Einwohner ein Wasserwerk bekamen. Die Einwohnerzahl war kräftig angestiegen, und eine Wasserversorgung, die auf Brunnen und Wasserstellen in der Stadt angewiesen war, war nicht länger haltbar. Der fertige Wasserturm konnte 131 Kubikmeter aufnehmen, was genau dem Verbrauch der Stadt entsprach. Im darauffolgenden Jahr stieg der Verbrauch um 400 Prozent an, und bereits 1904 wurde ein neuer Wasserturm mit Platz für 525 Kubikmeter an anderer Stelle gebaut.

Ende des 20. Jahrhunderts wurde der Wasserturm von Esbjerg von privater Hand instand gesetzt. Heute gibt es im Turm eine ständige Ausstellung über Wassertürme in Europa sowie wechselnde Ausstellungen mit verschiedenen Themen. Sie können natürlich auch bis ganz nach oben gehen und die phantastische Aussicht über die Stadt sowie den umliegenden Park mit Amphitheater genießen.

Adresse Havnegade 22, 6700 Esbjerg, www.sydvestjyskemuseer.dk/da/besoeg-museerne/esbjerg-vandtaarn | Öffnungszeiten in der Hochsaison Di – So 10 – 16 Uhr, darüber hinaus wechselnde Öffnungszeiten, siehe Homepage, Eintritt Erwachsene 20 Kronen, Kinder unter 18 Jahren gratis | Tipp Bei schönem Wetter können Sie von oben bis nach Fanø und Ribe sehen.

14 Der Mensch am Meer

Ein Kunstwerk, das zehn Kilometer weit zu sehen ist

Wenn die steife Brise in Esbjerg Sie nicht umhaut, dann schafft es vielleicht der Anblick der größten Skulptur der Stadt. Der neun Meter hohe »Mensch am Meer« wurde vom Bildhauer, Maler und Grafiker Svend Wiig Hansen geschaffen und ist ziemlich überwältigend.

Die Skulpturengruppe besteht aus vier sitzenden Männern aus Beton, direkt an dem Ort, an dem 1995 das 100-jährige Jubiläum Esbjergs als selbstständige Kommune gefeiert wurde. Die Beine der vier sitzenden Männer wirken wie Säulen in einem griechischen Tempel, die Waden sind daher verhältnismäßig lang, die Oberschenkel dagegen kurz.

Die vier Köpfe starren ausdruckslos auf die Hafenmündung hinaus, die sich beim Sædding Strand befindet, mit Ausblick übers Meer.

Die Wirkung, die die Skulptur auf den Betrachter hat, ist einzigartig, sodass auch erwachsene Menschen es nicht lassen können, zwischen den vier Betonmenschen umherzugehen. Alle fühlen sich ganz klein neben diesem Kunstwerk. Es ist naheliegend, daran zu denken, wie klein wir Menschen im Gegensatz zum Meer sind – auch wenn eine neun Meter hohe Skulptur in Relation zur stürmischen Nordsee immer noch mikroskopisch klein wirkt.

Es gelingt dem Künstler Wiig Hansen mit seinem Werk, die Zuschauer nachdenklich zu stimmen, denn er schuf eine Skulptur, die das reine und unverdorbene Treffen zwischen dem Menschen und der Natur schildert, bevor dieser aufsteht und anfängt zu handeln. Laut dem Künstler bekommt der Mensch erst »schmutzige« Finger, wenn er aufsteht und sich hinaus in die Welt begibt.

Wiig Hansens Werk wurde als Kunstwerk mit einer heiligen Ausstrahlung bezeichnet, die an die Statue von Ramses II., die bei Abu Simbel über das Niltal blickt, und die geheimnisvollen Steinfiguren der Osterinsel erinnert. Unbestreitbar ist dieses Kunstwerk ein wahrer Publikumsmagnet in Esbjerg. Bei klarem Wetter kann es aus einer Entfernung von zehn Kilometern gesehen werden.

Adresse Sædding Strandvej 1, 6700 Esbjerg | **Tipp** Auf YouTube und auf visitesbjerg.dk können Sie ein kurzes, stimmungsvolles Video über die Skulptur mit dem Titel »Man Meets the Sea« ansehen.

15 Das Musikhaus

Entworfen vom berühmten Architekten Jørn Utzon

Es liegt nicht nur daran, dass Königin Margrethe und der damalige Staatsminister Poul Nyrup Rasmussen bei der Einweihung des Musikhauses Esbjerg dabei waren, dass der 14. März 1997 ein ganz besonderer Tag in der Kulturgeschichte Esbjergs ist. Dies war auch der Tag, an dem die Stadt nach einigem Wirbel ein Konzert- und Theatergebäude bekam, entworfen vom weltberühmten dänischen Architekten Jørn Utzon und seinem Sohn Jan Utzon.

1984 wurde der Verein »Musikhusets Freunde« gegründet, dessen Ziel es war, in Esbjerg ein Musikhaus zu errichten, und sie schafften es, hierfür das Architektenbüro »Utzon Architects« zu engagieren. Das Musikhaus sollte ein markantes Gebäude werden, nahe dem Marktplatz, dem Bahnhof und dem Hafen. Allerdings musste dafür ein größerer Bereich mit alten Bäumen im Stadtpark von 1884 geräumt werden. Hier gab es Probleme, denn Demonstranten waren dagegen, schütteten Kies in die Maschinen, zerstörten die Umzäunung und kletterten auf Bäume, sodass diese nicht gefällt werden konnten. Die Polizei wurde gerufen, die Demonstranten wurden übermannt, und so wurden zum Erschrecken vieler 55 große Bäume gefällt.

Am Einweihungstag 1997 trafen die Zuschauer statt auf Bäume auf ein funkelndes neues Musikhaus, das mit schwedischen Höganäs-Ziegeln verkleidet ist (genau wie das Opernhaus in Sydney) und dessen Wände sich um genau acht Grad neigen – ein architektonisches Juwel, sowohl innen als auch außen. Das Musikhaus ist über ein Glasfoyer, das von weißen Säulen in Pilzform getragen wird, mit dem Kunstmuseum verbunden.

Das Musikhaus Esbjerg gilt aufgrund seiner mehr als 250 Kultur- und Businessevents, die dort jährlich stattfinden, als der kulturelle Treffpunkt Südwestjütlands. An ausgewählten Samstagen werden Führungen angeboten, bei denen Ihnen die Entstehungsgeschichte des Hauses erzählt wird und Sie alle Orte, die normalerweise nicht zugänglich sind, sehen können.

Adresse Havnegade 18, 6700 Esbjerg, www.mhe.dk | Tipp In der Havnegade 20 liegt das Restaurant Josef Kunstpavillonen, das unter anderem von der nordischen Küche inspirierte Menüs serviert.

16 Die Sædden-Kirche

»Göttliches« Licht

Die Sædden-Kirche von 1978 wurde von den Architekten Inger und Johannes Exner entworfen, und es ist deutlich, dass die Beleuchtung eine entscheidende Rolle beim Bau der Kirche spielte. Im Kirchenraum strahlt das Tageslicht über Oberlichtfenster herein, welches durch die dunklen Seitenflächen so gelenkt wird, dass die senkrechten Lichtstreifen in den Mauerbögen hervorgehoben werden. Nur das mittlere und das größte Oberlicht spenden ein zentrales und starkes Licht mit Widerschein im weißen Marmor des Altars und den glänzenden Messingkerzenständern.

Laut den Architekten ist das Licht »göttliches Material, welches mehr kann als alles andere auf der Erde«. Sie lassen sich leiten von der Maxime, dass »ein guter Kirchenraum die gefühlvollen Tangenten des Lichts berührt, die Sinne öffnet, transportiert und trägt, sodass man auf einmal im Raum schwebt, während gleichzeitig die Füße auf dem Steinboden und der Blick auf die Mauer erzählen, wer man ist«.

Es gibt auch elektrisches Licht in der Sædden-Kirche, und zwar in Form von 803 Glühlampen, die nackt im Raum glänzen wie ein Sternenhimmel. Der visuelle Eindruck ist einfach bezaubernd.

Die Sædden-Kirche hat einen schönen Altar aus Marmor, der 2,1 Tonnen wiegt. Er wird von zwei sehr dicken Marmorsäulen getragen, die verschieden geformt sind. Die Kanzel der Kirche ist aus akustischen Gründen im Bogen an der Nordwand platziert und hat ein besonders hübsches Steinmuster.

Von außen sieht die Kirche ganz gewöhnlich aus, aber innerhalb der Mauern versteckt sich ein architektonisches Juwel. Es ist Johannes Exners größte Kirche und laut ihm selbst die »lutherischste«, die er je gebaut hat. Zur Kirche gehören Tagungsräume und eine Küche, die im Alltag und an den Feiertagen mit Leben und Aktivität gefüllt sind. Da die Kirche gleich neben einem Einkaufszentrum liegt, ist sie gut in den Alltag der Einwohner integriert.

Adresse Fyrvej 30, 6710 Esbjerg V, www.saeddenkirke.dk | Öffnungszeiten Di–Fr 9–13 Uhr | Tipp Über GoogleMaps bekommen Sie eine virtuelle Tour der Kirche: www.saeddenkirke.dk/om-saedden-kirke/rundtur-i-kirken.

17 Das Kunstmuseum

Kunstsammlung mit Verbindung zur Insel

Ähnlich wie in Skagen hat auch in Fanø das Licht viele Menschen auf die Insel gezogen. Fanøs Künstlermilieu in Sønderho wurde sowohl von Einheimischen als auch von Zugereisten geprägt. Ihre Kunst wird im Fanø Kunstmuseum ausgestellt, welches sich seit 1992 in Kromanns altem Fabrikgebäude befindet.

Die mehr als 1.100 Stück umfassende Sammlung ist die Grundlage des Kunstmuseums und wurde von der Künstlerin Ruth Heinemann zusammengetragen, die in den 60ern anfing, Gemälde zu sammeln, deren Entstehungszeit bis in das Jahr 1850 zurückreicht.

Das Fanø Kunstmuseum möchte Kunst mit Bezug zur Insel und zur Umgebung vermitteln. Die Sammlung reicht von romantischen Darstellungen des Lebens auf Fanø aus dem 19. Jahrhundert bis zu Werken zeitgenössischer Künstler. Die Lebensstilporträts aus der Mitte des 19. Jahrhunderts stammen hauptsächlich von Johan Julius Exner (1825–1910), der mit seinen Genrebildern die genügsame und gesunde Lebensweise auf Fanø abbildete.

Im Museum werden jedoch nicht nur historische Künstler ausgestellt. Auch moderne und alternative zeitgenössische Künstler werden eingeladen. 2016 stellte der bekannte dänische Graffitikünstler HuskMitNavn (zu Deutsch: MerkDirMeinenNamen) im neuen Gebäude des Museums aus. HuskMitNavn wurde 1975 geboren und ist ausgebildeter Kunstschullehrer. Er ist bekannt für seinen Humor, der auf die angeberische Kunstwelt abzielt. Seine Bilder verarbeiten Alltagssituationen mit einem humorvollen Twist.

Der Künstler lebt und arbeitet in Kopenhagen, doch Fanø bedeutet ihm viel, und seine Ausstellung »Picture Book« im Fanø Art Museum war so etwas wie sein Eröffnungsstück. Sein Buch »Papirarbejde« wurde zeitgleich mit der Ausstellung auf Fanø veröffentlicht. Das Buch und viele andere Bücher sind im Museumsshop erhältlich, der ein breites Sortiment anbietet mit schönen Büchern über Fanøs Kunst, Geschichte, Natur und Tierwelt.

Adresse Nord Land 5, 6720 Fanø, www.fanoekunstmuseum.dk | **Öffnungszeiten** wechselnd, siehe Homepage, Eintritt 50 Kronen in der Hochsaison, 40 Kronen im Winter | **Tipp** Victoria's Palace, Strandvejen 59, 6720 Fanø, ist ein gemütlicher Ort mit Museum, Shop und Café. Täglich das ganze Jahr über 10–17.30 Uhr geöffnet.

18 Der Waldspielplatz

Ein Freiraum für Familien

Vergnügungs- und Wasserparks sind immer sehr beliebt und meist auch leicht zu finden. An diesen Orten gibt es viele Leute, lange Schlangen und hohe Preise, aber zum Glück gibt es gute Alternativen für die Kinderunterhaltung. Eine der schönsten Alternativen ist der Waldspielplatz von Fanø. Er liegt in der Mitte der Fanø Dünenplantage zwischen Rindby und Sønderho und wurde 1997 von der Skov- und Naturstyrelsen, der Forst- und Naturbehörde, eingerichtet. Dank wohltätiger Sponsoren wurde der Spielplatz erheblich erweitert – es gibt nun nicht nur ein Toilettengebäude und eine Ladestation für Elektrofahrräder, sondern auch viele phantasievolle Spielgeräte.

Am zehnten Jahrestag des Spielplatzes 2007 wurde mit Unterstützung der Skov- und Naturstyrelsen ein internationaler Wettbewerb für Holzbildhauer abgehalten. Die Künstler schufen viele schöne Skulpturen, darunter vor allem Skulpturen und Klettergerüste, die das Spiel und die Phantasie der Kinder fördern.

Der Waldspielplatz hat auch einen Hindernislauf, einen sensorischen Bereich, einen Abenteuerwald und einen kleinen Sherwood Forest. Im Märchenwald, in dem es viele von H. C. Andersens Figuren gibt, kann man die Texte zu den Märchen in einem kleinen Ständer neben dem Zaun finden.

Es gibt einen großen Picknickbereich mit überdachten Bänken sowie Grill- und Feuerplätzen. Während das Essen auf dem Grill brät, kann die hungrige Gesellschaft gleich nebenan eine Partie Boule spielen.

Gegenüber dem Picknickplatz befinden sich Holzskulpturen von Schneewittchen und den sieben Zwergen. Die beiden Bereiche sind durch einen Pfad getrennt, auf dem Sie herausgefordert werden: Finden Sie heraus, wie weit Sie in zehn Sekunden laufen können und ob Sie so schnell sind wie Maus, Reh, Kaninchen, Fuchs, Hirsch oder Hase. Die Tierskulpturen wurden 2008 von Julius und Vitalija Urbanavicius aus Litauen angefertigt.

Adresse v/Pælebjerg, 6720 Fanø; folgen Sie dem Postvejen gen Süden, der Waldspielplatz liegt auf westlicher Seite an einem kleinen Pfad, ungefähr in der Mitte der Plantage; halten Sie Ausschau nach Schildern mit der Aufschrift »Skovlegeplads« | **Tipp** Der Spielplatz ist auch mit Rollstuhl zugänglich, und es gibt eine Toilette sowie einen Parkplatz für Rollstuhlfahrer. Vergessen Sie nicht die Boulekugeln!

19_Die Selbstpflück-Blumen

Pflücken Sie Ihren eigenen Blumenstrauß

Etwa 30 Bauern in Mittel- und Westjütland besitzen große Felder mit Blumen zum Selberpflücken. Die Besucher sind sehr begeisterte Pflücker und erstellen und kombinieren ihre eigenen farbenfrohen Blumensträuße in den unterschiedlichsten Varianten. Das Angebot an Blumen ist groß und beginnt im Frühling mit Tulpen in allen Farben. Danach folgen Dahlien, Gladiolen, Sonnenblumen und manchmal auch Lilien, Iris und Pfingstrosen. Die Bauern säen meistens dreimal in einer Saison Tausende von Zwiebeln, und so ist es möglich, vom Frühjahr bis zum ersten Frost Blumen zu pflücken.

Eines dieser Felder liegt am Aggersundvej in Fjerritslev. Hier erlebt der Bauer die ganze Saison über eine große Nachfrage. Als er anfing, hatte er erwartet, dass vorwiegend deutsche Touristen auf dem Weg zum Ferienhaus hier anhalten würden, um einen Blumenstrauß für den Urlaub zu pflücken. Damit lag er auch nicht falsch, doch die Einheimischen sind ebenfalls von dem Konzept begeistert und pflücken jede Menge Blumen. Dasselbe gilt für die umliegenden Restaurants, die ihre Tische mit den Blumen schmücken. Das Konzept ist so beliebt, dass der Bauer das Unternehmen auf mehrere Felder erweiterte.

Nicht nur, dass die blumigen Felder die Landschaft schmücken, sie bieten auch eine kostengünstige und schöne Beschäftigung für Kinder und Erwachsene. Der Bauer stellt Scheren und Messer zur Verfügung und gibt eine kurze Anleitung. Auf dem Feld beim Aggersundvej gibt es außerdem Info-Schilder, die erklären, wie Blumen geschnitten und aufbewahrt werden – und dass geschlossene Dahlien nicht abgeschnitten werden dürfen, da sie sich dann auch nicht mehr öffnen. Die Preise für die Blumen bestimmt jeder Bauer selbst, meistens liegen sie aber bei drei bis sieben Kronen pro Blume, und es gibt oft Mengenrabatt. Die Bezahlung funktioniert entweder über eine kleine Geldkassette oder über MobilePay.

Adresse Aggersundvej 172, 9690 Fjerritslev | **Öffnungszeiten** vom Frühjahr bis zum ersten Nachtfrost | **Tipp** Suchen Sie auf Facebook nach »selvpluk blomster« oder »blomster selvpluk«, um zu sehen, ob sich eines der Felder in Ihrer Nähe befindet.

20 Vejlerne

Dänemarks größtes wissenschaftliches Naturreservat

Es ist keine Übertreibung, zu sagen, dass der Bygholmvej in Fjerritslev eine ungewöhnlich schöne Naturstrecke ist. Entdecken Sie die Schilder mit der Aufschrift »Lundfjord Kanal«, sollten Sie nach einem großen Parkplatz Ausschau halten, denn dort liegt das Bygholmvejle Naturzentrum oder Vejlernes Naturzentrum, wie es auch genannt wird.

»Vejle« war der Wikingername für eine Furt. Der Name »Vejlerne« stammt aus dieser Zeit, als die Gegend aus zwei seichten Seitenarmen des Limfjords entstand. Man versuchte Vejlerne trockenzulegen, um mehr Ackerland zu schaffen, aber es war zu beschwerlich und teuer, das Wasser abzupumpen, sodass das Projekt 1912 aufgegeben wurde. Heute ist Vejlerne kein Teil des Limfjords mehr, sondern ein eigenständiges Gebiet.

Vejlerne ist mit 5.600 Hektar Dänemarks größtes wissenschaftliches Naturreservat mit Skandinaviens größtem Röhrichtgebiet und Dänemarks größter Weide. Hier gibt es den größten Bestand an brütenden Graugänsen, Rohrweihen, Trauerseeschwalben, Kranichen, Seeadlern und Rohrdommeln, die Seite an Seite mit Ottern leben.

Das Naturzentrum Vejlerne besteht aus einem Hauptgebäude, einer tarnfarbenen Hütte, in der eine Ausstellung über Vejlerne zu sehen ist. An verschiedenen Vitrinen können Sie ganz nah an ausgestopfte Vögel herankommen oder die Zugwege der Vögel nachverfolgen. Vom Hauptgebäude aus sollten Sie dem Steg über den Kanal zur Aussichtshütte folgen, wo ein festgemachtes Fernrohr bereitsteht, um die Vögel zu beobachten. Das Gebiet mit sieben Aussichtstürmen und 15 Aussichtspunkten ist auf der Karte im Faltblatt über Vejlerne zu finden.

1993 wurde Vejlerne vom »Aage V. Jensen Naturfonds« übernommen, der sich für den Natur- und Tierschutz einsetzt. Die Gegend wurde mit einer umsichtigen Wasserstandsregulierung ausgestattet und ist heute Nordeuropas wichtigster Rückzugsraum für brütende Wasservögel.

Adresse Bygholmvejlevej 640, 9690 Fjerritslev, www.avjf.dk/avjnf/naturomrader/vejlerne | **Öffnungszeiten** das ganze Jahr über 6–22 Uhr | **Tipp** Einer von Dänemarks größten Put-&-Take-Fischparks, der Gøttrup Fiskepark, liegt nur acht Kilometer entfernt (Gøttrupvej 311C, 9690 Fjerritslev).

21 Kirsten Kjærs Museum

Ein besonderes Museum draußen auf dem Lande

Es ist ein Leichtes, Stunden in Kirsten Kjærs Museum zu verbringen, das sich weit draußen auf dem Lande in der Nähe von Frøstrup auf einem modernisierten Hof befindet.

Kirsten Kjærs Lieblingsneffe Harald Fuglsang konnte es nicht ertragen, dass ihre Bilder in einer Rumpelkammer verstaubten, und so bauten er und sein Lebensgefährte John Anderson ein Museum für die Künstlerin. Ab und an wird talentierter Künstlernachwuchs für einen Arbeitsaufenthalt eingeladen, um sich in Ruhe als Künstler weiterentwickeln zu können – gerne im Sinne Kirsten Kjærs, für die es kein Hinderungsgrund für Erfolg war, ein bisschen anders zu sein.

Kirsten Kjærs Museum eröffnete 1981 und stellt um die 300 ihrer Bilder aus – vorwiegend farbenfrohe und gut gelungene Porträts, aber auch viele Zeichnungen. Das Museum hat viele Nebengebäude, und es ist spannend, in den sieben verschiedenen Galerien auf Entdeckungsreise zu gehen und sich die wechselnden Ausstellungen dänischer und ausländischer Künstler anzusehen.

Sie können Ihren Besuch mit einem sieben Minuten langen Video über Kirsten Kjær beginnen, die als 32-Jährige anfing zu malen und ihre Arbeit bis zu ihrem Tod mit 91 Jahren im Jahr 1985 fortführte. Eines ihrer bekanntesten Bilder ist das Porträt der Stummfilmschauspielerin Asta Nielsen. Kirsten Kjær sagte einmal, dass das Porträt Asta mit zwei Augen zeige – einem kindlichen und einem welterfahrenen. Die zwei Frauen trafen sich in den 1930ern und wurden gute Freundinnen, unter anderem weil sich beide als einsame Vögel in der dänischen Kunstwelt sahen. Das Porträt von Asta Nielsen wurde im Sommer 1952 im Ferienhaus der Schauspielerin am Greve Strand gemalt.

1993 wurde Kirsten Kjær von der Textilskulpteurin Annemette Holm verewigt, die eine lebensgroße Figur von ihr anfertigte. Die Figur steht bei der Orgel, umgeben von Kirsten Kjærs Kunst, die den Raum vom Boden zur Decke ziert.

Adresse Langvadvej 64, 7741 Frøstrup, www.kkmuseum.dk | Öffnungszeiten 1. April – 31. Okt. täglich 11 – 17 Uhr, Nov. – März nur nach Absprache geöffnet, Eintritt frei, Spenden von 40 Kronen sind gerne gesehen | Tipp Im Sommer werden in »John's Hall«, dem Konzertsaal des Museums, klassische Konzerte veranstaltet.

22 Das Bunkermuseum

Die größte Befestigungsanlage Nordeuropas

Am Rande der Nordsee und des Nationalparks Thy liegt das Bunkermuseum Hanstholm, die größte Befestigungsanlage Nordeuropas aus dem Zweiten Weltkrieg. Hier können Sie den 3.000 Quadratmeter großen Bunker besichtigen, einen der größten Bunker aus der Besatzungszeit. In vielen der Räume hat man das ursprüngliche Aussehen bewahrt, um dem Besucher einen authentischen Einblick in das Leben der Soldaten zu geben.

Der Bunker besteht aus Munitionsraum, Mannschaftsraum, einer Technikabteilung und der Kesselbettung in der Mitte des Bunkers, in der damals ein Turm stand mit einer Kanone des Kalibers 38 Zentimeter. Die Kanone war eine von vieren, die die deutsche Küstenbatterie der Hanstholm II. ausmachten. Die Batterie konnte Granaten bis zu 55 Kilometer weit schießen. Zusammen mit der Batterie bei Kristianssund in Norwegen wollte man so das 120 Kilometer lange Fahrwasser zwischen Norwegen und Dänemark sperren.

Auch wenn die Kanone und der Turm längst verschwunden sind, ist das fünf Meter tiefe und 30 Meter breite Kesselbett immer noch ein faszinierender Anblick. In der Mitte des Kesselbetts steht ein zwei Meter hoher Sockel, auf dem der Kanonenturm festgemacht war.

Das Munitionsmagazin des Bunkers befindet sich auf der Nordseite des Kesselbetts, während der Mannschaftsraum und die Technikabteilung an der Südseite zu finden sind. Die Mannschaftsräume lagen entlang der Außenseiten des Bunkers, hier gab es Platz für die gesamte Kanonenbesatzung von 90 Soldaten.

Viele Filmkenner wissen, dass der Film »Die Olsenbande fährt nach Jütland« im Sommer 1971 vorwiegend in Thy und in der Gegend um das Bunkermuseum gedreht wurde. Viele Touristen fragen daher speziell nach dem Olsenbanden-Bunker. Deshalb verkauft das Bunkermuseum Hanstholm im Museumsshop jetzt auch ein kleines Heftchen, in dem alle Drehorte aufgeführt sind.

Adresse Molevej 29, 7730 Hanstholm, www.bunkermuseumhanstholm.dk | Öffnungszeiten wechselnd, siehe Homepage, Eintritt Erwachsene 80 Kronen, Rentner 60 Kronen, Kinder von 7 bis 14 Jahren 30 Kronen, Kinder von 0 bis 6 Jahren gratis | Tipp Der alte Munitionszug fährt im Sommer sowie in der Kalenderwoche 42 (täglich, Erwachsene 25 Kronen, Kinder zehn Kronen).

23 Der Meeresgarten

Steinmenschen schauen übers Meer

Ganz oben auf der stürmischen Steilküste zwischen den Landspitzen Helshage und Roshage steht das Hanstholm Kunstgebäude, auch Nordatlantik-Haus genannt. Die Landschaft wird von Land und Meer dominiert, und das kleine weiße Kunstgebäude fällt einem auf den ersten Blick nicht wirklich auf. Es wurde 1978 eröffnet und beherbergt jeden Sommer verschiedene Kunstausstellungen, deren Themen von der umliegenden Umgebung inspiriert werden.

Um das Kunstgebäude herum liegt der Meeresgarten mit Skulpturen. Die meisten Skulpturen sind aus Stein, und zusammen bilden sie die Form eines Schiffes. Vorne ist die »Windharfe«, in der Mitte der »Wal« und hinten der »Stuhl«.

Auf dem Hügel nördlich der »Windharfe« finden Sie ein besonders beeindruckendes Werk. Es ist eine Gruppe von Steinmenschen, die übers Meer Richtung Nordwesten blicken, errichtet vom Norweger Svein Knudsen. Wenn Sie dort stehen, so werden Sie von ihnen vielleicht auch dazu verleitet, übers Meer zu schauen und die Aussicht zu genießen. Svein Knudsen hat mehrere Jahre lang große Steine in der norwegischen Natur gesammelt, Skulpturen aus ihnen gemacht und sie in der skandinavischen Natur aufgestellt. Er erzählt, dass die Steinmenschen im Meeresgarten gerade dahin blicken, wo sie herkommen und wo die Kraft der Natur ihre Körper und Köpfe vor Millionen von Jahren erschaffen hat.

Wenden Sie den Blick von den Steinmenschen zum Wasser hin, so können Sie den Hanstholm Hafen aus der Vogelperspektive betrachten. Das 360-Grad-Panorama bietet auch einen Blick auf den Hanstholm Leuchtturm von 1843, der stolz zwischen den weißen Hanstholmhäusern hervorragt.

Die Flora, die die vielen Skulpturen umgibt, besteht aus wilden Hagebutten, Flieder und Giersch und ergänzt auf natürliche Art und Weise die Kunst. Sie können den Meeresgarten das ganze Jahr über besuchen, auf den Steinen sitzen und die Aussicht genießen.

Adresse Havhaven, Roshagevej 20, 7730 Hanstholm | **Tipp** 2008 wurde im Meeresgarten ein Bunker freigegraben. Dieser erhielt den Namen »Meereshöhle«.

24 Der Friedhof

Historische Schiffsunglücke

Ende des 19. Jahrhunderts geschahen in Harboøre mehrere tragische Schiffsunglücke mit vielen Toten, und so gibt es auf dem Friedhof von Harboøre eine Reihe schöner Gedenkstätten. 1893 ertranken 48 Männer, 26 davon lokale Fischer. Heute steht auf dem Friedhof ein Denkmal mit den Namen der 26 Fischer und ihren Geburtsdaten. Bei der Massenbeerdigung für die Fischer hielt der damalige Pastor Moe eine sogenannte Erweckungsrede. Dies war der Anfang einer starken religiösen Bewegung in Harboøre, das seitdem als Hochburg der »Indre Mission« (»Inneren Mission«) in Dänemark gilt.

1897 wurde Harboøre nochmals von einem Unglück auf See heimgesucht, bei dem zwölf Rettungsmänner starben. Die zwölf Männer segelten in dem kleinen Rettungsboot Lilleøre aufs Meer hinaus, um zwei Fischkutter zu finden, die nicht in den Hafen zurückgekehrt waren. Die Kutter wurden später von einem Rettungsdampfer geborgen, doch das Rettungsboot trieb kieloben ohne die zwölf Männer an Land. Ein Modell des Bootes hängt in der Harboøre Kirche, und es gibt einen kleinen Gedenkstein auf dem Friedhof, den Lilleøre-Stenen.

Auch der Gregers-Kirk-Gedenkstein westlich des Lilleøre-Steins ist nicht zu übersehen. Gregers Kirk war einer der bekannten Söhne von Harboøre, und er hatte den Wunsch, auf dem lokalen Friedhof begraben zu werden, zusammen mit seiner Frau Kristiane. Der Gedenkstein ist umkränzt von Pflanzen und einer kleinen Pforte.

Auch fremde Seemänner sind hier begraben, wie auf einem großen Stein zu lesen ist, der 1918 für 25 deutsche Soldaten, die bei einer Minenexplosion ums Leben kamen, aufgestellt wurde. Es gibt außerdem ein Massengrab mit weiteren deutschen Soldaten. Ein Grabstein erinnert an fünf an Land getriebene Opfer aus dem Ersten Weltkrieg. Gehen Sie auch an der südwestlichen Ecke des Friedhofs vorbei und schauen Sie sich die Sammlung alter, erhaltungswürdiger Grabsteine an.

Adresse Harboøre Kirke, Søndergade 2, 7673 Harboøre | Tipp Rechts vom Haupteingang des Friedhofs sind drei Bronzestatuen aufgestellt, alles Frauen. Es sind Werke der Bildhauerin Lisbeth Nielsen.

25 Das Museum

Museum mit Eisenzeit-Hof und lokalen Künstlern

In Heltborg gibt es ein Museum, für das die Menschen von weit her anreisen. Es ist das Heltborg Museum, das 1991 eröffnet wurde. Das Museum ist etwas Besonderes, da es nicht nur ein Heimatmuseum, sondern auch ein Kunstmuseum ist. Das Kunstmuseum konzentriert sich auf Künstler, die eine Verbindung zu Thy haben, allen voran der Maler Jens Søndergaard (1895–1957), dessen Werke hier ausgestellt sind.

Jens Søndergaard verbrachte den Großteil seiner Kindheit in Hurup, und auch als er später nach Kopenhagen zog, kehrte er jeden Sommer hierher zurück, um zu malen. Seine expressiven Malereien machten ihn zu einem der wichtigsten Erneuerer der figurativen Kunst der Zwischenkriegszeit. Die Sammlung im Heltborg Museum ist sehr umfangreich und zeigt vor allem die hügelige Landschaft von Thy sowie etliche Limfjordmotive, darunter »Die badenden Frauen« von 1952.

Im Museum werden auch regelmäßig Werke anderer Künstler ausgestellt, die eine Verbindung zur Gegend hatten, wie zum Beispiel Ellen Raadal, Freddy Eriksen und Birthe Ohsten. Dem lokalen Dichter Hans Bakgaard ist sogar ein eigenes Gedenkzimmer gewidmet.

Das Heltborg Museum hat außerdem eine kulturhistorische Abteilung, in der Sie die größte Sammlung von Landwirtschaftsmaschinen aus der ersten Hälfte des 20. Jahrhunderts sehen können. Im Garten hinter dem Museum ist ein Hof aus der Eisenzeit rekonstruiert worden, in dem jedes Jahr in den Kalenderwochen 28 bis 30 Live-Vorführungen stattfinden. Die Vorführungen enden mit einem großen zweitägigen Markt im Juli. Dann kommen Handwerker von überallher angereist, um Handwerk aus der Eisenzeit vorzuführen. Sie arbeiten mit Holz, Horn, Knochen, Lehm, Wolle, Leder und Bernstein. Der Markt ist für Kinder wie auch für Erwachsene interessant, die sich über unsere Vorfahren und ihre Lebensweise informieren wollen. Auch ihre Speisen kann man hier probieren – zur Auswahl stehen Brei, Brot, Fleisch und Suppe.

Adresse Skårhøjvej 15, Heltborg, 7760 Hurup, www.museumthy.dk/afdelinger/heltborg.aspx | Tipp Im Transvej 4 in Fjerring gibt es ein weiteres Museum mit Werken von Jens Søndergaard. Mehr auf jenssoendergaard.dk.

26 Der Bork Wikingerhafen

Wissenswertes über die Wikingerzeit

Die Wikinger kommen! Auf jeden Fall in den Bork Wikingerhafen, in dem im Laufe der Saison bis zu 500 Wikinger vorbeikommen, von denen mehr als 300 am jährlichen Wikingermarkt teilnehmen. Im Bork Wikingerhafen können Sie erfahren, wie die Wikinger vor 1.000 Jahren an der Westküste gelebt haben. Das Dorf ist um verschiedene Fundstätten aus der Wikingerzeit herumgebaut worden. Die archäologischen Ausgrabungen bei Tarm inspirierten den Baustil des Hafens.

Der Wikingerhafen entwickelt sich laufend und wurde schon mehrmals erweitert, zum Beispiel um einen Stall und die Haithabu-Häuser. Der Hafen besteht aus verschiedenen rekonstruierten Wikingerhäusern, tollen Schiffen, einer Holzkirche, einem Opferhain, einem Marktplatz und jeder Menge Wikinger, die hier so authentisch wie möglich leben.

Die Wikinger kommen unter anderem aus Dänemark und Holland, sie beantworten bereitwillig Fragen über die Wikingerzeit und lassen sich gerne fotografieren. Einige der Wikinger verbringen schon ihre 16. Saison im Bork Wikingerhafen und berichten, dass sie sich, wenn sie im Hafen wohnen, wie echte Wikinger fühlen. (Sie geben allerdings auch zu, dass sie ab und an mal in der Stadt einkaufen gehen.)

Es gibt informative Führungen und viele Erlebnisse für Kinder. Sie können auf Runenjagd gehen, mit kleinen Schiffen im Graben spielen und ihre Kräfte an den Geräten auf dem Wikingerspielplatz messen. Im Juli und August gibt es eine Kriegerschule, in der erwachsene Wikinger Kinder verschiedener Altersgruppen das Kämpfen nach Wikinger Art lehren.

Seit 1989 wird immer am zweiten Wochenende im August der jährliche Wikingermarkt veranstaltet mit Kämpfen, Reitshows, Marktständen, Tanz und Musik. Der beliebte Markt war die Keimzelle des Wikingerhafens, der im Jahr 2000 das Licht der Welt erblickte. Im Hafen gibt es auch einen kleinen Museumsshop mit einem umfangreichen Wikingersortiment.

Adresse Vikingevej 7, 6893 Hemmet, www.levendehistorie.dk/forside-1 | **Öffnungszeiten** wechselnd, von März–Okt., siehe Homepage, Eintritt Erwachsene 60–100 Kronen (je nach Jahreszeit), Kinder unter 18 Jahren gratis | **Tipp** Mit der Karte für den Bork Wikingerhafen hat man auch freien Eintritt in den Fahl Kro (Oblingvej 34, 6893 Hemmet). In dem Gasthof von 1856 gibt es eine Wikingerausstellung, außerdem können Sie hier Mittagessen, Kaffee und Kuchen bekommen.

27 Das Henne Mølle Å Badehotel

Entworfen von Poul Henningsen

Als das Svinkløv Badehotel im September 2016 niederbrannte, verlor die Westküste ein historisches Badehotel in phantastischer Lage. Es wird im Moment wieder aufgebaut und soll 2019 neu eröffnen, doch glücklicherweise gibt es an der Westküste noch ein weiteres Badehotel – das Henne Mølle Å Badehotel.

Im Jahr 1934 besuchte Othilia Thorup Henne Strand und war von der Gegend so fasziniert, dass sie Lust bekam, hier vor den Dünen, wo die Au Mølleå ins Meer mündet, ein Badehotel erbauen zu lassen. Ihre Schwester Thekla war mit von der Partie. Von ihrer Arbeit am Nørrebro Theater kannte Thekla den Architekten Poul Henningsen (PH), und dieser beteiligte sich gerne an dem Projekt. Die Schwestern kauften das Grundstück, und zusammen mit PH wurde das Hotel entworfen. 1936 wurde es eröffnet. Othilia kochte, Thekla sorgte für die Buchhaltung. Das Hotel wurde ein voller Erfolg. Sowohl damals als auch heute überrascht es viele, dass sich am Ende des Kieswegs, der zur Au führt, ein Badehotel befindet.

Von 1943 bis 1945 beschlagnahmten die Deutschen das Gebäude, aber die Schwestern beschlossen, das Hotel so gut wie möglich weiterzuführen. Nach der Befreiung wurde der normale Betrieb wieder aufgenommen. Thekla starb 1948, und Othilia betrieb das Hotel noch bis 1954 alleine. Dann übernahm ihr Neffe Svend Aage Thorup Nielsen die Pension und schenkte sie seiner Frau.

Edith Thorup Nielsen betrieb das Badehotel von 1956 bis 1987, als sie es an die Gewerkschaft »Frie Firmafunktionærer« verkaufte. Das Hotel wurde umsichtig und mit Respekt vor den ursprünglichen Ideen und Zeichnungen renoviert. Alles vom Stuhl bis zur Lampe war von PH entworfen worden, und man wollte die ursprüngliche Atmosphäre des Hotels erhalten. Heute betreiben Annemette und Caspar Rosendahl das Hotel.

Adresse Hennemølleåvej 6, 6854 Henne, www.hennemoelleaa.dk | Öffnungszeiten Kalenderwoche 3 bis 48 | Tipp Fünf Kilometer vom Badehotel entfernt liegt das Michelin-Restaurant Henne Kirkeby Kro, Strandvejen 234, 6854 Henne.

28 Der Dyregården

Tiere füttern und Reitausflüge an die Nordsee

Es ist eine anstrengende Arbeit, das ganze Jahr über auf Pferde, Schafe, Ziegen, Rehe, Esel, Katzen, Kaninchen, Meerschweinchen, Hühner und Schweine aufzupassen, aber man wird dafür auch mit tollen Erlebnissen belohnt! Und wenn einer dies weiß, dann sind das Lone und Søren Bo Jørgensen. Sie haben nämlich seit 2004 das Reitzentrum gepachtet, welches zum Dyregården in Hjørring gehört. Sie pflegen auch alle Tiere, die im Besitz des Skallerup Seaside Resorts sind, und so ist das Ehepaar ganz nah dran an all den großen Erlebnissen, zum Beispiel wenn die Schweine Ferkel bekommen.

Jeden Tag werden Wachtel- und Hühnereier gesammelt, Kühe gemolken, und Hunderte von Tieren müssen gefüttert und ihre Ställe ausgemistet werden.

Der Dyregården hat das ganze Jahr über geöffnet, sodass Sie den Hof zu jeder Jahreszeit erleben können. Besonders Kinder lieben ihn, da sowohl die Großen als auch die Kleinen mithelfen dürfen beim Melken, Eiersammeln, Stallausmisten, Kartoffelnausgraben oder Tierefüttern. Doch es ist wichtig, dass bestimmte Regeln für den Umgang mit den Tieren auf dem Hof respektiert und eingehalten werden.

Alle Tiere sind an Menschen gewöhnt. Drei der Ziegen wurden von Lone und Søren mit der Hand aufgezogen und freuen sich deshalb immer, wenn sie ihre »Eltern« sehen. Auch die Zwergziegen und Schweine wuseln um Søren herum, wenn er mit Futter vorbeikommt. Erleben Sie einen ganz gewöhnlichen Tag auf dem Hof, der lustig, spannend und lehrreich zugleich ist.

Es gibt auch ein Reitzentrum mit rund 50 Islandpferden und 20 Shetlandponys. Søren und Lone haben schon 30 Jahre Erfahrung und bieten den Gästen gerne verschiedene Ausritte an, von kleinen Ausritten mit den Shetlandponys für die Kinder bis zu Strandausflügen für Anfänger und Geübte. Vielleicht kennen Sie die Nordsee bereits, sie auf dem Rücken eines Islandpferdes zu erleben ist dennoch etwas Besonderes.

Adresse Klithusevej 116, 9800 Hjørring | Öffnungszeiten das ganze Jahr über 9.30 – 19 Uhr, Eintritt 25 Kronen; wohnen Sie im Skallerup Seaside Resort wenige Kilometer entfernt, ist der Eintritt frei | Tipp In Madam Blås Landküche, die auch auf dem Hof liegt, bekommen Sie Kaffee und Kuchen.

29_Emils Snittehus

Lernen Sie in einer Hütte im Wald das Schnitzen

»Es ist sehr staubig hier, da Holzschnitzen Spuren hinterlässt«, erzählt der Holzschnitzer Henrik Sigensgaard mit dem Spitznamen »Woodpek«. Er arbeitet mit dem Skallerup Seaside Resort zusammen und betreibt in einer Hütte im Wald von Hjørring eine kleine Holzwerkstatt. Die Hütte heißt »Emils Snittehus« und spielt auf den Michel (auf Schwedisch Emil) aus Lönneberga von Astrid Lindgren an, der bei Unfug in den Schuppen gesperrt wurde und dort dann Figuren schnitzte.

Für Henrik »Woodpek« Sigensgaard ist das Schnitzen keine Strafe, sondern ein Segen. Er fing schon als 13-Jähriger an, und sein Interesse wurde dank eines engagierten Lehrers noch größer. Heute steckt er selber viele mit seiner Begeisterung an. Woodpek hat inzwischen über 50 Jahre Erfahrung als Holzschnitzer, er brauchte viele Jahre, um seine eigene Technik zu entwickeln. Er ist bekannt für seine schrulligen Figuren, etliche davon mit unanständigem Ausdruck, aber er kreiert auch Reliefs, Schränke, Schilder und phantasievolle Holzfiguren in allen Größen.

Seit 2009 können sich Interessierte und Kreative hier in der Hütte im Holzschnitzen unterrichten lassen. Vor allem Kinder, Touristen und Schulen nehmen das Angebot gerne an. Als Erstes lernt man bei Woodpek meist, wie man Löffel und Buttermesser schnitzt, denn kleine Projekte sind gut überschaubar und bieten den Kindern ein Erfolgserlebnis. Die Kinder müssen immer in Begleitung eines Erwachsenen sein, auch beim Unterricht. Viele Familien kehren jedes Jahr hierher zurück, um etwas Neues zu lernen.

In der Hütte wird nur Lindenholz verwendet, da es das beste Holz fürs Schnitzen ist, denn es bekommt keine Risse und weist keine Mängel und Fehler auf. Sowohl Kiefer als auch Fichte sind ungeeignet, da sie Knoten im Holz haben, an denen das Messer abrutschen kann.

Mehrere von Woodpeks Kunstwerken können drinnen und draußen besichtigt werden.

Adresse Klithusevej 151, 9800 Hjørring | **Öffnungszeiten** Mo – Mi, Fr, Sa 11 – 17 Uhr, Do und So und im Jan. geschlossen; wünschen Sie eine Führung, melden Sie sich vorher an unter Tel. 4089/5821, Eintritt gratis, 1 bis 2 Stunden Unterricht kosten 100 Kronen pro Person | **Tipp** Woodpek ist der Erschaffer des handgemachten, sechs Tonnen schweren Totempfahls, der vor dem Skallerup Seaside Resort, Nordre Klitvej 21, 9800 Hjørring, steht.

30 Der Friedhof von Mårup

Wenn die Natur die Geschichte beeinflusst

Die Aussicht vom Friedhof von Mårup ist phantastisch. Er liegt auf einer 40 Meter hohen Düne mit Blick über die Nordsee. Gen Süden kann man den Leuchtturm von Rubjerg Knude sehen.

Die Kirche von Mårup wurde aus Sicherheitsgründen zurückgebaut, da die Steilküste sich den Weg zur Kirche suchte. Im Laufe von 300 Jahren »fraß« das Meer im Durchschnitt 1,25 Meter der Steilküste, und 2008 wurde die Kirche teilweise, 2015 dann ganz abgebaut. Der Friedhof ist aber immer noch einen Besuch wert. Dort liegt der alte Anker der englischen Fregatte »The Crescent«, die 1808 vor Mårup Schiffbruch erlitt. Jetzt, wo der Anker nicht länger im Schatten der Kirche liegt, ragt er majestätisch empor.

Nachdem die Kirche entfernt wurde, fand man ein unbekanntes Kindergrab unter dem Altar. Es gibt noch weitere Gräber auf dem Friedhof, die mit den ursprünglichen Grabsteinen markiert sind. Es ist schon ein melancholisches Erlebnis, zwischen den Gräbern spazieren zu gehen, die einen zusammen mit der unvermeidbaren Erosion der Küste und den Schildern mit der Aufschrift »Absturzgefahr« an die Vergänglichkeit erinnern.

Die Überreste der Kirche wecken oft starke Gefühle bei den Besuchern, und beim Abbruch der Kirche erlebten die Archäologen und Maurer, dass nachts oft Steine des Mauerwerks gestohlen wurden, da es wohl Menschen gab, die gerne ein Stück der Kirche als Souvenir behalten wollten. Ab und zu fallen auch alte Knochen die Steilküste hinunter, diese dürfen natürlich nicht mit nach Hause genommen werden. Sie werden von der Naturstyrelsen (der dänischen Behörde für Naturschutz) eingesammelt und in einem Grab auf dem Friedhof in Lønstrup bestattet.

Teile der Einrichtung der Kirche von Mårup kann man in der Kirche in Lønstrup sehen, unter anderem spätgotische Schnitzereien des ursprünglichen Altars und das Taufbecken aus Granit mit einer Messingschale aus dem Jahr 1575.

Adresse Mårup Kirkevej 70, Lønstrup, 9800 Hjørring | Tipp Machen Sie Fotos, anstatt Steine mit nach Hause zu nehmen, und verewigen Sie so das Vergängliche.

31 Die Bürger von Holstebro

Bjørn Nørgaards Variation von Rodins Werk

Kunst füllt die Straßen und Gassen von Holstebro. Eines der bedeutendsten Werke ist »Borgerne fra Holstebro« (»Die Bürger von Holstebro«) des Bildhauers Bjørn Nørgaard aus dem Jahr 2004. Es ist eine Neuinterpretation der berühmten Skulptur »Die Bürger von Calais« des französischen Bildhauers Auguste Rodin von 1884/85.

»Die Bürger von Holstebro« war ein Geschenk des Künstlers an die Stadt. Bjørn Nørgaard lud zwölf Einheimische ein, als Modelle für sein Werk zu fungieren. Ihre Körper wurden zunächst fotografiert und in Gips gegossen, dann modellierte Nørgaard sie so um, dass keiner sich mehr selbst erkennen konnte. Die Figuren wurden in Bronze gegossen und auf einen großen dreieckigen Stein montiert, der wiederum auf drei glatt geschliffenen fünfeckigen Granitpfeilern platziert wurde, mit Licht und einem Springbrunnen in der Mitte.

Laut Bjørn Nørgaard stehen die zwölf Figuren für eine heutige Ausgabe der zwölf Jünger Jesu. Rodins Werk erzählt von sechs Bürgern aus Calais, die im Jahr 1347 bei der Belagerung der Stadt bereit waren, sich zu opfern und als Geiseln nehmen zu lassen, um ihre Stadt vor den Engländern zu retten. Nørgaard wollte mit seinem Werk anhand von zwölf Bürgern aus Holstebro darstellen, dass jeder Einzelne von uns für die Werte verantwortlich ist, die in unserer Gesellschaft gelten und weitergetragen werden. Die gelungene Neuinterpretation von Rodins Werk kann am Marktplatz Nørretorv in Holstebro bewundert werden. Auch wenn sie dicht am Fußgängerüberweg steht, reicht der Platz aus, um die Skulptur mit den ausdrucksstarken Bürgern, die uns an unsere Verantwortung in der Gesellschaft erinnern sollen, von allen Seiten zu betrachten.

Ob alle Beschauer dem Gedanken des Werks folgen können, ist ungewiss. Sicher ist hingegen, dass den Figuren in der Adventszeit mehrere Jahre in Folge zwölf Weihnachtsmützen aufgesetzt wurden.

Adresse Nørreport Torv, 7500 Holstebro | Tipp Der Nørreport Torv wird auch von den »12 Himmelstigern« geprägt, einem weiteren tollen Werk von Bjørn Nørgaard.

32 Die Hundebars

Knochen und Wasser für den vierbeinigen Freund

Als Holstebro 2016 sogenannte Hundebars eröffnete, wurde das Ereignis im nationalen Fernsehen übertragen. Hinter der Initiative stand die Gemeinde Holstebro, die vor allem den deutschen Touristen entgegenkommen wollte, die ihre Hunde gerne mit in den Urlaub nehmen. Nachdem Dänemark das Hundegesetz verschärft hatte, gab es Diskussionen im Internet, ob es ratsam sei, den Hund mit in den Urlaub zu nehmen. Die Hundebars sollten klarmachen, dass Hunde immer noch willkommen sind, egal, woher sie kommen.

Darüber hinaus sind an mehreren Stellen in Holstebro Wassernäpfe aufgestellt worden, und es werden Hundeboxen verteilt mit Knochen, Leckerlis und Hundekotbeuteln.

Dass die Hundeboxen mit Sorgfalt und Umsicht hergestellt werden, erkennt man daran, dass innen und außen auf der Box nützliche Informationen aufgedruckt sind. Hier können Sie lesen, wo in Holstebro Sie mit Ihrem Hund willkommen sind, was Sie tun können, wenn Sie Ihren Hund verlieren oder er krank wird, und wo es in der Umgebung Hundewälder gibt. Außerdem finden Sie Rabattmarken für einen Tierladen und für einen lokalen Schlachter, der Ihnen beim Einkauf einen Kauknochen für den Hund obendrauf legt. Die Hundeboxen und die aufgestellten Hundebars waren schnell ein großer Erfolg bei Hund und Herrchen, und das Tourismusbüro Holstebro berichtete, dass deutsche und norwegische Touristen schon im Voraus von den Hundebars gehört hatten und genau deshalb nach Holstebro kamen.

Wenn Sie und Ihr Hund zu einer Hundebar in Holstebro möchten, sollten Sie die folgenden Orte ansteuern: Holstebro Touristenbüro, Vedersø Klit Camping, Feriehusudlejning I/S in Vedersø, Thorsminde Camping, Hotel Royal in Holstebro, Klitferie in Vedersø, Handbjerg Marina und Hjerl Hede. Da die Hundeboxen schnell vergriffen sind, kann es von Vorteil sein, sich im Tourismusbüro in Holstebro zu erkundigen, ob noch welche zu haben sind.

Adresse olstebro Turistbureau, Kirkestræde 13, 7500 Holstebro, www.visitholstebro.dk/holstebro/ferie-med-hund-i-holstebro | Tipp Können Sie nicht genug von Tieren bekommen oder soll Ihr vierbeiniger Freund im Urlaub verwöhnt werden, dann besuchen Sie den großen Tierhandel Petworld im Nyholmvej 3 oder Maxi Zoo im Lavhedevej 48.

33 Jesu Hand

Treten Sie nicht auf die Kunstwerke im Boden

Normalerweise kostet es Überwindung, direkt auf ein Kunstwerk zu treten, aber wenn Sie nicht aufmerksam durch die Ladenstraße in Holstebro gehen, könnte Ihnen genau dies mehr als nur einmal passieren. Die Einkaufsstraße Nørregade ist eine der ältesten Einkaufsstraßen Dänemarks. Die Fußgängerzone in Holstebro bietet zusammen mit dem Store Torv eine sehr gemütliche Atmosphäre.

Der erste Teil der Ladenstraße wurde 1963 eingeweiht und 1969 mit Fliesen aus rosagrauem Granit ausgestattet. Durch die blaugraue Bordüre – auch aus Granit – wird der Verlauf der Straße sehr schön hervorgehoben. 2001 bis 2004 wurde die Straße renoviert, und in dieser Zeit wurden drei Dekorationen ins Straßenpflaster eingefügt.

Es ist die Rede von drei Kunstwerken des Bildhauers Bjørn Nørgaard, der 2002 »Jesu Hand«, »Odins Auge« und »Quelle des Lebens« schuf, drei Beläge aus gefärbtem Granit mit einer Figur aus rostfreiem Stahl in der Mitte. Im Sommer rieselt das Wasser aus der Mitte des Kreises über die umliegenden Steine.

»Jesu Hand« hat ein Loch in der Mitte, welche das Nagelmal symbolisiert. Die Hand ist von sieben konzentrischen Zirkeln umgeben, die das Göttliche symbolisieren. In den zwei inneren Zirkeln bilden die Steine einen Kompass, der anzeigt, dass die Hand gen Norden weist. Das Kunstwerk »Quelle des Lebens« zeigt eine Vulva, das weibliche Geschlechtsorgan und die Quelle des Lebens. Das Muster in den Steinen ist eine Spirale, ein altes Symbol für die Fruchtbarkeit, das Leben, den Tod und die Jahreszeiten. »Odins Auge« liegt in der Mitte und ist umgeben von einem Viereck. Es symbolisiert die Zahl vier und was mit ihr assoziiert werden kann, wie zum Beispiel die vier Himmelsrichtungen und die vier Elemente.

Holstebro wurde mehrmals zu Dänemarks schönster Handelsstadt gekürt. Zum Teil hat es dies sicher der Nørregade mit ihren Kunstwerken zu verdanken.

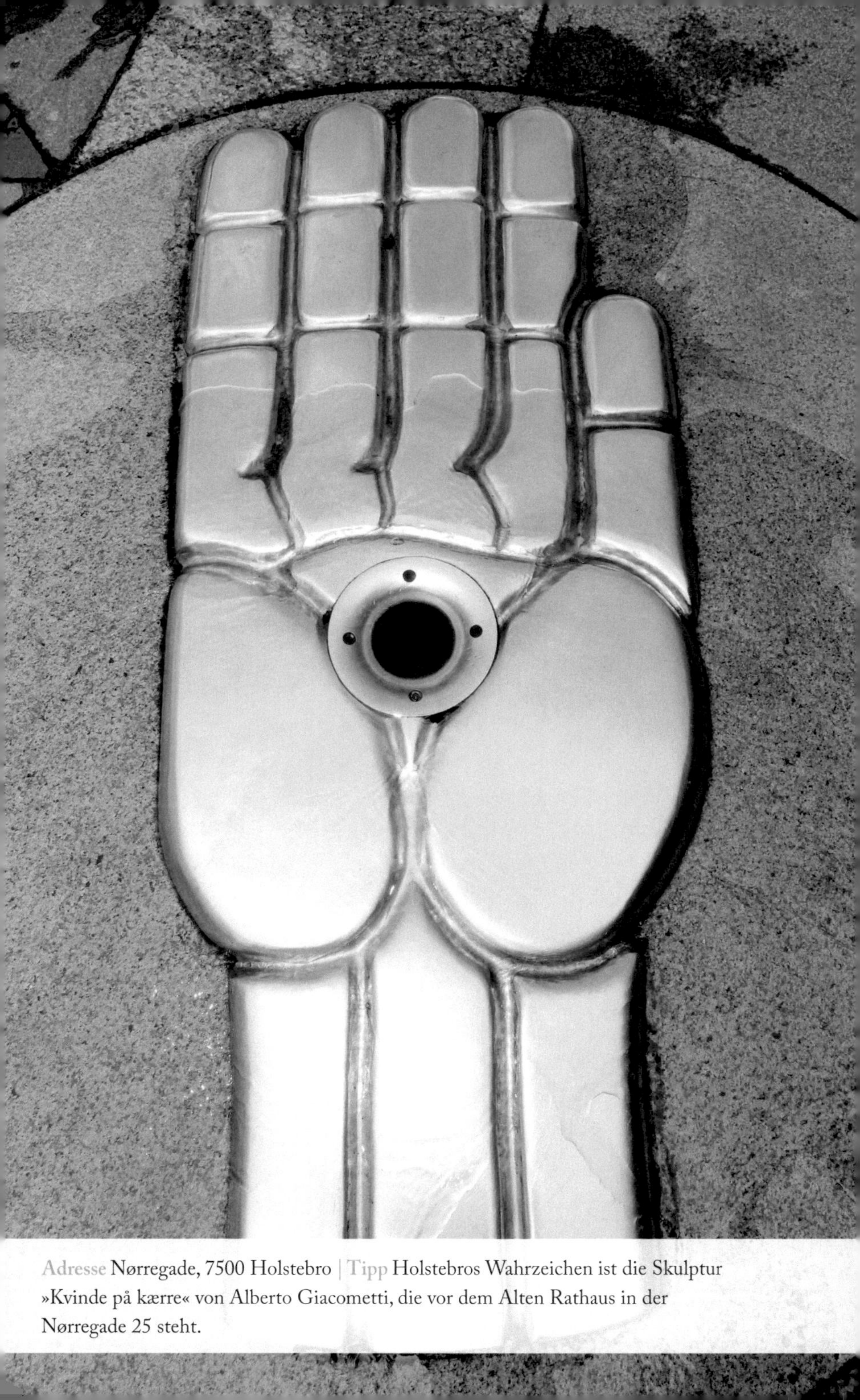

Adresse Nørregade, 7500 Holstebro | Tipp Holstebros Wahrzeichen ist die Skulptur »Kvinde på kærre« von Alberto Giacometti, die vor dem Alten Rathaus in der Nørregade 25 steht.

34 Das Sydthy Kurbad

Schwitztipi, Badebottich und Outdoor-Sauna

Am Eingang des Sydthy Kurbads sollte ein Schild hängen, das Sie bittet festzustellen, wie hoch ihre Schultern sitzen, wenn Sie eintreten, und wie entspannt sie nach unten hängen, wenn Sie das Bad wieder verlassen.

Das Sydthy Kurbad besteht aus einem Kurbadbereich drinnen und einem Kurbadgarten draußen. Obwohl der Kurbadbereich absolut keine Wünsche offenlässt, ist auch der Garten einen Besuch wert, denn er ist wahrlich ein kleines Meisterstück. Der Kurbadgarten heißt »Die Vier Jahreszeiten«. Hier finden Sie eine Outdoor-Sauna mit Glasboden, die auf Pfähle im Goldfischsee gebaut ist. Darüber hinaus gibt es einen Whirlpool für sechs Personen, einen Badebottich und ein Schwitztipi. Der Name »Die Vier Jahreszeiten« leitet sich von den Blumen und Büschen ab, die das ganze Jahr über blühen und für ein authentisches Erlebnis sorgen. Der Garten ist kreativ durchdacht, und die verwendeten Holzbehälter geben dem Ganzen ein rustikales und einladendes Erscheinungsbild.

Im Kurbadbereich drinnen werden alle Sinne verwöhnt. Sie können eine finnische Sauna, eine Bio-Sauna mit Aroma oder eine Softsauna, in der das Licht seine Farbe ändert, ausprobieren. Ebenfalls sehr beliebt ist das große Massagebecken, wo Sie neben dem behaglichen 36 Grad warmen Wasser auch einen Sternenhimmel genießen können, wenn Sie den Kopf in den Nacken legen. Das Zusammenspiel von gedämpfter Musik, warmem Wasser und beruhigendem Sternenhimmel führt nicht selten zu Schnarchgeräuschen durch extrem entspannte Gäste im Becken.

Das Sydthy Kurbad bietet auch verschiedene Verwöhn-Behandlungen an, zum Beispiel ein türkisches und ein ägyptisches Bad, eine Hot-Stone-Behandlung und verschiedene Massagen. Für Gruppen ab 20 Personen gibt es darüber hinaus die Möglichkeit, Veranstaltungen in der besonderen Umgebung zu buchen – gemütliche Frauen- und Polterabende, Geburtstage oder Grillabende.

Adresse Idrætsvej 5, 7760 Hurup, www.sydthykurbad.dk | Öffnungszeiten Di, Mi und Fr 14–19 Uhr, Do 14–22 Uhr, Sa, So 10–17 Uhr, Mo geschlossen, Eintritt 150 Kronen pro Person, Mindestalter 18 Jahre; der Eintritt gilt für das Kurbad und den Kurbadgarten; Obst, Wasser, Kaffee, Tee inklusive | Tipp Vor der Kirche in Hurup steht ein Runenstein aus der Wikingerzeit (Kirkevej 42, 7760 Hurup Thy).

35 Aagaard Textil Handwerk

Einzigartige Strickhöhle auf einem Gutshof

In Hurup Thy liegt ein schöner vierflügeliger Gutshof, dessen älteste Gebäude ungefähr aus dem Jahr 1800 stammen. Der Hof wurde vorsichtig restauriert, und es ist naheliegend, zu glauben, dass dies geschah, um zu zeigen, wie er in alten Tagen aussah. Doch weit gefehlt. In der alten Scheune sind jetzt ein Laden und eine Werkstatt für über 30 Kunsthandwerker aus dem ganzen Land untergebracht. Sie stellen einzigartige Kleidung her und verkaufen sie über die Besitzerin des Aagard Textil Handwerks, Else Høgh. Sie ist Textilkünstlerin und bekannt für ihre Marke »Madam Høgh Design«. Sie selber sagt, dass die Natur und die alte Handwerkstradition schon seit über 40 Jahren ihre Inspiration sind. Ihre eigenen Designs sind sehr persönlich und wenden sich an Menschen, die sich einzigartig kleiden möchten. Da es davon viele gibt, wurde Aagaard Textil Handwerk eine echte Touristenattraktion.

Der alte Pferdestall ist heute eine große Garn- und Strickhöhle, wo Sie ganz besonderes Garn und spezielle Stoffe finden können, die Else Høgh selbst in Paris und an anderen Orten der Welt ausgesucht hat.

Jedes Jahr veranstaltet Aagaard Textil Handwerk eine Weihnachtsausstellung, bei der neue Kunsthandwerker ihre Glaskunst, Keramik, Schmuck und Textilien präsentieren. In der gemütlichen Umgebung gibt es außerdem einen kleinen Cafébereich.

Schauen Sie sich auch den 200 Jahre alten, riesig großen Webstuhl an, der im Laden steht. In den 1970ern bekam Else Høgh den Webstuhl als junges Mädchen von einem älteren Mann geschenkt, dessen Urgroßmutter den Webstuhl benutzt hatte. Der Webstuhl wurde aber nicht mehr gebraucht, und so fragte der Mann Else, ob sie Interesse an dem Stuhl hätte. Die Antwort war Ja, und so ist der Webstuhl heute ein Teil der Ausstellung, die viele verschiedene handgemachte Dinge umfasst, wie Eulen, Schafe, lustige Teddys, Wichtel und handgemachte Gegenstände aus Holz.

Adresse Korsgårdsvej 1, 7760 Hurup Thy, www.aagaard-tekstil.dk | **Öffnungszeiten** wechselnd, siehe Homepage | **Tipp** Es gibt hier auch besondere Veranstaltungen wie Kunsthandwerkertage oder eine Osterausstellung, mehr Infos auf der Homepage.

36_Die antiken Hügelgräber

Der Friedhof von Ydby Hede

Auf dem Gebiet von Ydby Hede, Kløvenhøj und Dover Plantage liegen fast 80 Hügelgräber, die größte Ansammlung von Hügelgräbern in Dänemark. Dieser Ort ist einzigartig. Auf dem vorzeitlichen Friedhof von Ydby Hede finden sich 32 Gräber, von denen die meisten aus der Bronzezeit stammen. Viele sind Rundhügelgräber, aber es gibt auch einige Langbetten. Nur wenige von ihnen wurden geöffnet, in denjenigen jedoch, bei denen man Ausgrabungen vornahm, fand man Artefakte aus der Vorzeit. Nicht alle Hügelgräber haben einen Namen, aber eines heißt »Kløvenhøj«, weil vor über 100 Jahren ein Spalt hineingegraben wurde (kløve = spalten). Keiner weiß, wer es war, wahrscheinlich Grabräuber, die antike Gegenstände zu finden hofften.

Die Gräber bestehen aus Torf. Einige von ihnen wurden mehrmals verwendet, da bei einer Beerdigung neue Torfschichten auf kleinere Gräber gelegt wurden. Sie liegen in naturschöner Umgebung mit Blick auf den Skibsted Fjord. Jeder kann die Gräber besuchen oder in der Gegend wandern gehen. Schaffen die Beine nicht den ganzen Weg bis zum Fjord, dann können Sie auf einen der Hügel klettern und von dort die Aussicht genießen. Sie sollten wissen, dass hier jede Menge Schafskot herumliegt, da Schafe für die Landschaftspflege zuständig sind.

1916 wurde der zentrale Teil von Ydby Hede von Einheimischen gekauft und unter Naturschutz gestellt, um die Gräber vor der Landwirtschaft zu schützen. Ihnen ist es zu verdanken, dass die Gegend heute eine antike Denkmalstätte von nationaler Bedeutung ist. Auf einem der Hügelgräber hat das Geodätische Institut einen Stein niedergelegt mit der Aufschrift »naturgeschützter Punkt«. Ihn zu suchen ist fast wie Geocaching.

Die Gegend ist auch Teil des nationalen Projekts »Antike in der Landschaft«, für das die Schloss- und Kulturverwaltung 83 einzigartige kulturhistorische Orte gesammelt hat.

Adresse Kammergårdsvej 34, 7760 Hurup Thy (hier parken und dem Kiesweg folgen) | **Tipp** Mit der kostenlosen App »Fortællinger fra Fortiden« können Sie durch animierte Erzählungen, Fotos und Texte mehr über das Projekt »Antike in der Landschaft« erfahren und sehen, welche Funde in Ihrer Nähe gemacht wurden.

37_Die Lederwerkstatt

Handgemachte Lederwaren für Groß und Klein

Als die Lederwerkstatt in Hurup Thy 2011 Besuch von Repräsentanten des Thisted Amts bekam, hatte die Besitzerin Margit Andersen schon das Gefühl, das sie bald eine Bestellung bekommen würde. Aber sie hatte nicht erwartet, dass sie darum gebeten würde, ein offizielles Geschenk für Kronprinzessin Mary herzustellen. Die Kronprinzessin plante, Hanstholm und Thisted zu besuchen, und daher wollte das Thisted Amt ihr ein Geschenk als Andenken überreichen. Das Geschenk war ein Ledergürtel mit Bernstein, und schon die Verpackung war eine »royale« Ausgabe – eine Geschenkbox, verkleidet mit Leder und Seide, die Seide in derselben Farbe wie der Bernstein im Gürtel.

Der Ledergürtel ist ein Einzelstück. Auch als es Anfragen gab, wurden keine weiteren Exemplare hergestellt. Die meisten Produkte der Werkstatt sind Einzelstücke, und die Lederkünstlerin Margit Andersen benutzt gerne auch andere Naturmaterialien wie Knochen, Horn und Bernstein, damit jedes Stück etwas Besonderes wird. Sie arbeitet stets so sorgfältig, als ob sie Spezialaufträge für uns alle ausführen würde, auch wenn wir nicht royal sind.

Ein Besuch in der Lederwerkstatt ist ein Vergnügen. Es ist deutlich zu sehen, dass die Waren von einer Künstlerin mit 30 Jahren Erfahrung hergestellt wurden. Sie experimentiert sehr viel, und man ist überrascht, was man mit Leder alles machen kann. Hier werden nicht nur Taschen, Portemonnaies und Gürtel hergestellt, sondern auch Mappen, Lederschmuck, Topflappen, Vasen, Schalen und Kleiderbügel.

Möchten Sie selber etwas aus Leder herstellen, dann hält die Werkstatt Lederkurse für Anfänger und Geübte ab. Diese finden an ausgewählten Wochenenden im Winter statt. Da es höchstens vier Teilnehmer pro Kurs sind, muss der Kurs im Voraus gebucht werden. Das Niveau jedes einzelnen Kurses wird an die Erwartungen und Fähigkeiten der Teilnehmer angepasst. Es gibt einen behindertenfreundlichen Eingang.

Adresse Flarupvej 7, Ydby, 7760 Hurup Thy, www.laedervaerkstedet.dk | **Öffnungszeiten** wochentags 15 – 17 Uhr und nach Absprache, Tel. 9795/6515 | **Tipp** Die Waren der Lederwerkstatt können Sie auch im Shop Bingen, Høkervej 2, 9492 Blokhus, finden. Hier wird Kunsthandwerk und Handarbeit von 15 Künstlern verkauft.

38 Abelines Hof

Witwe mit Geschäftssinn und Telefonzentrale

Im Jahr 1904 war es eine Seltenheit, dass eine Frau einen Strandvogt-Hof betrieb, aber Abeline tat genau dies, nachdem ihr Mann im selben Jahr an Tuberkulose verstorben war und sie mit fünf Kindern alleine dastand.

Abelines Schwiegervater, der Strandvogt war, baute den Hof in den Jahren 1854 bis 1871 und beherbergte viele gestrandete Seeleute. Die vielen Schiffsunglücke brachten jede Menge Reichtum mit sich in Form von Tabak, Branntwein, Segeln, Seilen, Ketten, Türen und Treibholz.

1894 strandete das Schiff »Elisabeth Rickmers« nahe dem Hof, und 19 Seeleute fanden hier Unterkunft. Bis 1980 hing der Name des Schiffes über dem Tor der Ostfassade, allerdings wird das Schild heute in der Scheune aufbewahrt. Der Mahagonitisch im großen Wohnzimmer stammt ebenfalls vom Schiff.

Als Abeline den Hof übernahm, waren die Strandungen weniger geworden, und die Einnahmen fehlten. Da der Hof seit 1886 ein Telefon besaß, wurde hier 1895 die »Haurvigs Telefonzentrale« eingerichtet. Abeline leitete die Telefonzentrale und wurde so zum Nachrichtenbüro der Gegend. Für ihre Gäste hatte sie immer eine Geschichte parat. Im Laufe der Zeit begann sie auch an Touristen zu vermieten. Mehrere Jahre in Folge mietete sich eine Künstlerfamilie aus Herning ein. Dies war der Beginn des Tourismus in der Gegend, von dem sie noch heute profitiert.

Dass Abeline den Hof als Witwe weiterführen konnte, hatte sie drei Dingen zu verdanken: ihrem Geschäftssinn, dem Tourismus und der Telefonzentrale. Sie lebte hier bis zu ihrem Tod im Jahr 1957. Heute ist der Hof denkmalgeschützt und einer der besterhaltenen Höfe Dänemarks aus dieser Zeit. Als er zu einem Museum umgestaltet wurde, wurden die Räume so eingerichtet wie zu Abelines Zeiten. An der Südfassade stehen die Jahreszahl der Erbauung des Haupthauses sowie die Initialen von Abelines Schwiegereltern: »CCS« und »KLS«.

Adresse Sønder Klitvej 87, Haurvig, 6960 Hvide Sande, www.levendehistorie.dk/Forside-4 | Öffnungszeiten Ende März – Ende Okt. So – Fr 11 – 17 Uhr, Eintritt 50 Kronen, Kinder unter 18 Jahren in Begleitung eines Erwachsenen frei. Eine Kaffee- / Kuchenkarte für das kleine Café plus Eintritt kostet 70 Kronen. | Tipp Besuchen Sie den Hof mittwochs. Dann gibt es im Café ein Kuchenbuffet mit größerer Auswahl.

39__Cyklus

Ein mehrteiliges Kunstwerk

Als die Stadt Hvide Sande und ihr Hafen im Jahr 2006 ihr 75-jähriges Jubiläum feierten, erhielt die Stadt ein Volksgeschenk, und zwar ein einzigartiges Kunstwerk, das nun in seiner ganzen Pracht dasteht und neugierige Blicke anzieht. Das Kunstwerk trägt den Namen »Cyklus« und stammt vom Künstler Leo Andersen. Es besteht aus vier Teilen: Der erste Teil, »Der Nabel der Welt«, ist eine Halbkugel aus Stahl, die in der Mitte des Kreisverkehrs beim »Fiskeriets Hus« steht und von Pflastersteinen eingekreist ist. Die Halbkugel ist ein Symbol für die Geburt.

»Der Punkt« besteht aus sieben Steven, die um einen Globus gebaut sind und das Leben symbolisieren. Der Künstler bringt damit außerdem zum Ausdruck, dass man von diesem Punkt aus über die sieben Weltmeere fährt.

In den Fliesen westlich der Skulptur gibt es einen auffälligen Lichtstreifen, der den 56. Breitengrad markiert, der durch Hvide Sande führt.

»Die Lebenstreppe« befindet sich nahe dem »Punkt« und symbolisiert einen Treffpunkt – für geselliges Beisammensein oder kulturelle Anlässe. Hierfür gibt es am Ende der Treppe auch eine transportable Bühne aus Stahl und Segeltuch in Form einer Muschel, welche für Musik- und Theatervorstellungen benutzt wird. So wird die »Lebenstreppe« zum Zuschauerplatz, wie in einem Amphitheater.

Der vierte Teil des Kunstwerkes, »Der Gedenkstein«, erinnert an fünf Männer, die 1951 bei einem Einsatz mit dem Hvide-Sande-Rettungsboot ertranken. Der Gedenkstein ist westlich des Kreisverkehrs platziert und symbolisiert den Tod. Damit ist der Ring, der Zyklus, geschlossen, und alles fängt wieder von vorne an.

Vor allem die Platzierung des »Punktes« schafft einen nachdenklichen Kontrast, denn auf der einen Seite hören und sehen Sie den regen Verkehr, zur anderen Seite hin blicken Sie über das weite Meer.

Adresse Nørregade 2, 6960 Hvide Sande | Tipp Möchten Sie weitere Werke des Künstlers erleben, dann besuchen Sie Leo Andersens Galleri 63, die einen Ausblick über den Ringkøbing Fjord bietet (Vellingvej 63, 6950 Ringkøbing).

40 Das Fiskeriets Hus

Aquarium und Museum in einem

Es passiert eher selten, dass Eltern ihren Kindern sagen, dass sie Fische streicheln dürfen, aber diesen Satz kann man im Fiskeriets Hus in Hvide Sande öfter hören. Hier gibt es nämlich ein Streichelbecken mit Fischen, Krebsen und Seesternen. Die Kinder können so ein Gespür für die Meerestiere bekommen. Nachdem diese studiert worden sind, liegt es nahe, die Salz- und Süßwasseraquarien zu besuchen, um die verschiedenen Lebensräume der Tiere zu sehen und die unsichtbaren Plattfische und Flundern zu entdecken, die sich im Sandboden verstecken. Man kann auch den Aal und seine Geschichte kennenlernen und erfahren, welche Bedeutung er für die Region gehabt hat.

Das Fiskeriets Hus ist ein lokalhistorisches Museum über die Gegend, den Fischereihafen und Hvide Sande. Neben den spannenden Aquarien gibt es auch verschiedene Ausstellungen über die Geschichte und Entwicklung von Hvide Sande und der Fischerei. Das Gebäude wurde 1992 gebaut und ist aus Holz, genau wie die alten roten Geräteschuppen, die einmal so typisch für Hvide Sande waren. Richtung Süden gibt es eine Glasfassade, von der aus man den Ringkøbing Fjord sehen kann.

Im Keller liegt das Schiff »Havskibet« aus dem Jahr 1850. Es wurde von Andreas Jensen als Schlepper benutzt, bis er 1938 die Idee hatte, das Schiff als Dach für seinen Schuppen zweckzuentfremden. Das Schiff bekam eine Schicht Beton, und in den nassen Beton wurde die Geschichte des Schiffes geschrieben. Nach dem Tod von Andreas Jensen 1959 sorgten seine Familie und das Ringkøbing Museum dafür, dass das Schiff erhalten blieb. Viele Jahre befand es sich im Nationalmuseum in Brede bei Kopenhagen und kehrte erst 1991 wieder nach Hvide Sande und ins Fiskeriets Hus zurück.

Das Museum ist eine selbstständige Einrichtung, der Verein »Husets Venner« organisiert Vorträge, Bingo und Weihnachtsmärkte, um Geld für den Betrieb zu sammeln.

Adresse Nørregade 2B, 6960 Hvide Sande, www.fiskerietshus.dk | Öffnungszeiten Palmsonntag – 1. Nov. 10 – 17 Uhr, 2. Nov. – Sa vor Palmsonntag 10 – 16 Uhr, Eintritt Erwachsene 95 Kronen, Rentner 75 Kronen, Kinder 30 Kronen | Tipp Die Fische werden immer dienstags und freitags um 15.30 Uhr gefüttert.

41 Das Hvide Sande Lys

Kerzen selber ziehen

Sie werden nie vergessen, wie Sie das erste Mal Ihre eigenen Kerzen gemacht haben. Es gibt viele Kerzenwerkstätten, in denen die Besucher eigene phantasievolle Kerzen ziehen dürfen, und es ist eine schöne Beschäftigung für die ganze Familie. Die einzige Kerzenwerkstatt an der Westküste, die dies anbietet, ist das Hvide Sande Lys im Numitvej.

Hinten im Laden gibt es einen großen Bereich dafür mit zehn Töpfen mit verschiedenen Wachsfarben. Sie müssen keinen Termin vereinbaren, sondern können einfach während der Öffnungszeiten fürs Kerzenziehen oder -gießen vorbeikommen.

Es dauert etwa eine Stunde, eine Kerze herzustellen, danach muss sie eine halbe Stunde trocknen. Während der Wartezeit können Sie im Laden in jeder Ecke stöbern und sich den großen Ausstellungsbereich anschauen mit Kerzen in allen Farben und Varianten. Bevor Sie sich versehen, ist Ihre eigene Kerze fertig. Außerdem haben Sie jede Menge Inspiration für neue Kerzen bekommen, nachdem Sie all die wunderschönen Exemplare im Laden gesehen haben.

Das Hvide Sande Lys gibt es seit 2009, der Laden gehört Gertraud Maria Katharina Wissmann. Doch es war ihr guter Freund Gert, ein früherer Koch, der die Idee dazu hatte und auch alle Kerzen im Laden hergestellt hat. Seine Kreationen stoßen bei Jung und Alt auf Begeisterung.

Gert lässt sich unter anderem von der Nordsee und der umliegenden Landschaft inspirieren, was sich in seiner blauen Serie mit ihrem maritimen Charakter widerspiegelt. So können sie hier eine Wachsschale kaufen mit dem Motiv des Lyngvig Leuchtturms,die mit Salz, Sand oder Kaffeebohnen gefüllt werden kann. Darauf wird dann ein Teelicht gesetzt. Auch wenn es vier oder fünf Stunden am Stück brennt, wird die Schale nie zu warm. Wenn das Teelicht angezündet wird, scheint das Licht durch die Schale und erweckt das Bild des Leuchtturms zum Leben.

Adresse Numitvej 2, 6960 Hvide Sande | Öffnungszeiten Mo–Fr 10–17 Uhr, Sa 10–14 Uhr; in der Nebensaison an mehreren Tagen in der Woche geschlossen | Tipp Das Hvide Sande Lys ist sehr beliebt für Kindergeburtstage. Termine kann man mit der Ladenbesitzerin ausmachen.

42 Der Lyngvig Leuchtturm

Das Tor zur Nordsee

Dieser Leuchtturm bietet die beste Aussicht über die Nordsee. Wenn Sie sich ganz oben befinden, sind Sie 53 Meter über dem Meer und können sehen, wie die Nordsee und der Ringkøbing Fjord die friedliche Dünenheide von beiden Seiten umgeben.

Der Leuchtturm sendet sein Licht seit 1906 jede Nacht über das Meer. Damals baute man den Leuchtturm, da ein norwegisches Schiff Schiffbruch erlitten hatte und 24 Seeleute dabei ihr Leben verloren. Heute erscheint der Leuchtturm sehr idyllisch.

Fühlen Sie sich nicht schwindelfrei genug, um auf der schmalen Wendeltreppe bis nach oben zu klettern, dann können Sie die Umgebung auch vom Boden aus genießen. Nahe dem Leuchtturm liegt das Haus des Leuchtturmwärters, in dem sich heute ein kleiner Shop befindet mit spannenden Retro-Artikeln, lokalen Delikatessen, alten Möbeln und Souvenirs. Es gibt auch ein gemütliches und nostalgisch eingerichtetes Café. Im ersten Stock finden Sie eine kleine Ausstellung über den Leuchtturm und die Geschichte der Leuchttürme in Dänemark.

Es gibt drei Fahrradrouten, darunter die Westküstenroute (siehe Ort 111), die den Leuchtturm als Rastplatz einplanen. Dieser Ausflug ist auch genau das Richtige für Kinder, da sie hier eine Schwebebahn ausprobieren und auf einem Naturspielplatz in der Nähe spielen können.

Der Leuchtturm ist ein beliebtes Ausflugsziel, das jedes Jahr mehr als 50.000 Besucher anzieht. Die meisten sind so begeistert vom Leuchtturm und den übrigen Angeboten um ihn herum, dass der größte Online-Reiseanbieter TripAdvisor dem Leuchtturm für die durchgehend guten Bewertungen im Sommer 2016 ein exklusives Zertifikat ausstellte. Die Umgebung besteht aus 300 Hektar naturgeschützter Dünenheide und Dünen, die zu einem Spaziergang am Strand einladen. Wenige Meter vom Wärterhaus entfernt gibt es einen großen Parkplatz und im Sommer auch einen kleinen Kiosk.

Adresse Holmsland Klitvej 109, 6960 Hvide Sande, www.levendehistorie.dk/lyngvigfyr | **Öffnungszeiten** wechselnd, siehe Homepage, Eintritt Erwachsene 50 Kronen, Kinder unter 18 Jahren in Begleitung eines Erwachsenen gratis | **Tipp** Beachten Sie die Schilder auf dem Parkplatz, die auf besondere Angebote hinweisen, wie Pop-up-Restaurants, Modenschauen und mehr.

43 Æ Bøehus

Bewahrung des kulturellen Erbes

Die Menschen entlang der Westküste haben nicht nur einen Blick für die Bewahrung von spektakulären Gebäuden, wie Herrensitzen oder architektonischen Schmuckstücken. Sie haben auch einen Blick für das eher unauffällige Kulturerbe, wie man es auf der Insel Jegindø erleben kann. Hier hat der Jegindø Fonds drei Häuser erworben, eines davon ist Æ Bøehus (Bødehus), welches viele Besucher anlockt.

In einem »Bødehus« hausten Fischer und andere Menschen, um dort im Trockenen die Fischernetze zu flicken, die im Limfjord schon mal Schaden nahmen.

Da die ersten beiden Häuser, Æ Fywerhus (das Fjordhaus, siehe Ort 44) und Æ Gåehus (das Garnhaus), schon eine gute Investition waren und den Tourismus ankurbelten, kaufte der Jegindø Fonds dann noch ein drittes Haus. Als beschlossen wurde, Æ Bøehus wieder zu errichten, wurde dies von einem einheimischen Schreiner übernommen, das Ergebnis war ein authentisches und hübsches Haus, welches 2004 eingeweiht wurde.

Die Einrichtung in Æ Bøehus ist vielseitig und spannend. Die Fischereigeräte im Haus stammen alle vom Netzfischer Johannes Noer und verleihen dem Haus die richtige Stimmung. Sie können in alten Heftchen und Büchern blättern und mehr über Jegindøs Geschichte erfahren, Zeichnungen über das Fischerleben auf Jegindø anschauen sowie die tolle Ausstellung über die alten Kommunikationsgeräte erleben. Hier kommen Sie ganz nah an den 1-Watt-Sender heran, der damals zur Kommunikation zwischen den Booten verwendet wurde. Die Frequenz konnte auch an Land gehört werden, und viele nutzten diese Gelegenheit, um einen Gruß an die Familie zu schicken. Doch wurde die Frequenz auch von Lärm unterbrochen, sodass der 1-Watt-Sender abgeschafft und der neue lärmfreie VHF eingeführt wurde.

Ebenso wie man auf Jegindø die alten Gebäude bewahrt, so sorgt man auch gewissenhaft dafür, die alten Kommunikationsgeräte für die Nachwelt zu bewahren.

Adresse Havnegade, Jegindø, 7790 Thyholm | **Öffnungszeiten** Juni–Sept. täglich 10–20 Uhr | **Tipp** Einige Touristen beenden ihren Besuch damit, über den Damm zu gehen und gebratenen Aal mit gedünsteten Kartoffeln im Tambohus Kro zu essen (siehe Ort 96).

44 Æ Fywerhus

Kleines Fischereimuseum nahe am Wasser

Jedes Jahr besuchen 10.000 Touristen aus 47 Ländern die Insel Jegindø, die nur 600 Einwohner hat. Dies liegt zum einen daran, dass Jegindø eine unberührte Perle im Limfjord ist. Es liegt aber auch daran, dass der sogenannte Jegindø Fonds, der 1989 gegründet wurde, gut darin ist, die Historie der Insel zu vermitteln. Erleben Sie die Geschichte der Fischerei und der Inselbevölkerung in den drei Häusern »Æ Fywerhus«, »Æ Bøehus« (siehe Ort 43) und »Æ Gåehus«, die alle am Hafen liegen. Æ Fywerhus zieht jährlich fast 10.000 Touristen an.

Der Geschäftsmann Ernst Trillingsgaard, der über 30 Jahre lang Direktor des Aalborg Kultur- und Kongresszentrums war, ergriff die Initiative und stiftete 1989 den Jegindø Fonds. Er wurde selber auf Jegindø geboren und hatte als Kind auf der Insel gelebt, als noch nur etwa 40 Fischerboote im Hafen von Jegindø lagen. Aber die Fischerei ging zurück, und das Netzfischen verschwand ganz, das Interesse für die Geschichte jedoch wuchs. Die Einheimischen unterstützten Trillingsgaards Idee von der Bewahrung der alten Gebäude, und 1990 eröffnete ein kleines Fischereimuseum in Æ Fywerhus, was so viel wie »Das Fjordhaus« bedeutet. Æ Fywerhus wurde 1911 als Geräteschuppen für den Fischer Iver Holm gebaut, da er wie so viele andere Einheimischen anfing, mit den neuen großen Netzen zu fischen.

Die Stimmung im Haus ist persönlich und authentisch. Mit Hilfe der alten Fischereigeräte, Fotografien, Texte und eines Videos erzählt die tolle Ausstellung über das Leben der Fischer am Fjord. Æ Fywerhus wird finanziell von der Kommune Struer unterstützt, doch für den täglichen Betrieb sorgen Ehrenamtliche, darunter viele Fischer. Das Museum bekommt oft neue Stücke für die Ausstellung, und der Jegindø Fonds fordert alle, die alte Sachen von der Fjordfischerei besitzen, dazu auf, diese für die Ausstellung im Æ Fywerhus zu spenden.

Adresse Havnegade, Jegindø, 7790 Thyholm | Öffnungszeiten Juni – Sept. täglich 10 – 20 Uhr | Tipp Ein lustiger Besucher hat Folgendes ins Gästebuch geschrieben: »A æ u å æ ø i æ fywer.« Ins Deutsche übersetzt bedeutet das so viel wie: »Ich bin draußen auf der Insel im Fjord.«

45 Der Hafen

»Der Ort, den niemand erwähnt«

Auf einer Website über Jegindø ist die Insel mit einer Mischung aus Ernst und Sarkasmus so beschrieben: »Hier gibt es kein Kino, kein Hotel, keine Diskothek, keine Sehenswürdigkeiten und keine Gedenkstätten. Kehren Sie um! … oder vielleicht sollten Sie doch bleiben und die Stadt erleben, die keiner erwähnt.« Dieses Buch erwähnt Jegindø sehr gerne, denn natürlich hat auch diese Insel eine interessante Geschichte.

Es ist vor allem der Hafen von Jegindø, der die Touristen anzieht. Sie kommen, um den Ort zu erleben, der viele Jahre lang der Mittelpunkt der Insel war. Als die Nordsee sich ins Land bei Agger und Harboøre hineinbiss, zogen Anfang des 20. Jahrhunderts viele »Küstenbewohner« nach Jegindø. Die vielen Zugezogenen brachten Wissen und Erfahrung mit, und dank ihnen wurde Jegindø um 1825 zum Zentrum der Fischerei im westlichen Limfjord. Die Fischer errichteten mit Fleiß und Weitblick ein gut funktionierendes Fischerdorf und später einen Hafen, was dazu führte, dass die Bewohner viele Jahre lang gut vom Netzfischen im Limfjord leben konnten. Damals bestand der Fang aus Scholle, Kabeljau und Hering. 1875 lebte die Hälfte der Inselbewohner vom Fischen. Etwa 100 Jahre lang ging es gut mit der Fischerei, doch dann wurde das Ökosystem zerstört, unter anderem durch die Landwirtschaft und die umstrittene Chemiefabrik Cheminova. Die Fischarten gingen zurück und damit auch die Anzahl der Fischkutter, von 30 bis 40 auf nur sieben Stück. Heute gibt es auf Jegindø noch Muschelfischer.

Jegindø bietet eine unberührte natürliche Schönheit, die bei Touristen sehr gefragt ist. Zugegeben: Es ist kein Ort, an dem Familien mit Kindern sich die Zeit mit Hüpfburgen, Einkaufszentren und Wasserrutschen vertreiben können. Vor allem das ältere Publikum schätzt die Insel, um sich bei einem Spaziergang am Hafen zu entspannen und mit Blick aufs Wasser einen Bissen zu sich zu nehmen.

Adresse Havnegade 10, Jegindø, 7790 Thyholm | Tipp Am Hafen liegt das Æ Skipperhus, ein kleines Café und Restaurant.

46 Das Museum für Religiöse Kunst

Kunsterlebnisse und Caféhygge

Nicht weit entfernt vom Limfjord und der Einmündung von Lemvig Hafen liegt das Museum für Religiöse Kunst. Die Gegend an sich ist schon einen Besuch wert, aber auch das Museum selbst sollten Sie sich nicht entgehen lassen. Die Entstehungsgeschichte des Museums ist interessant, sie hängt mit der Bild- und Kirchenkünstlerin Bodil Kaalund (1930–2016) zusammen. Als diese zwischen 1976 und 1981 die Kirche in Lemvig verzierte, arbeitete sie dabei auch mit den Einheimischen zusammen. Die vielen Gespräche über Kunst und deren Bedeutung für Kirche und Religion waren der Anfang des Museums, das 1994 das Licht der Welt erblickte.

Daher ist die Grundausstattung des Museums auch die große Bodil-Kaalund-Sammlung, die unter anderem Selbstporträts, Landschaften und grönländische Motive, darunter 159 originale Illustrationen der Kaalund-Bibel, die 1992 herausgegeben wurde, enthält. Viele der Werke wurden noch nie ausgestellt und kommen jetzt in dem Bereich, den das Museum der Sammlung gewidmet hat, zu ihrem Recht.

Das Museum für Religiöse Kunst ist das einzige Spezialmuseum Dänemarks, das das Verhältnis zwischen Kunst und Religion im 20. und 21. Jahrhundert darstellt, und dass das Museum nicht nur religiöse Kunst ausstellt, ist für viele Besucher eine positive Überraschung. Sowohl die Dauer- wie auch die Sonderausstellungen sind von hoher Qualität, und da das Museum gute Sicherheitsbedingungen bietet, werden auch schon mal Werke vom Staatsmuseum ausgeliehen. So kann das westjütische Museum stets gut konzipierte Ausstellungen präsentieren. Das Museum hat 50 ehrenamtliche Mitarbeiter, deren großer Einsatz dem Museum zugutekommt. Eine der Ehrenamtlichen backt phantastischen Kuchen, der bei grandiosem Ausblick auf die Nordsee durch die großen Fenster im Museumscafé genossen werden kann. Im Sommer bietet das Café »westjütische Tapas« an.

Adresse Strandvejen 13, 7620 Lemvig, www.mfrk.dk | Öffnungszeiten wechselnd, Mo geschlossen, weitere Infos auf der Homepage, Eintritt Erwachsene 75 Kronen, Kinder unter 18 Jahren gratis | Tipp Gehen Sie an der Kirche in Lemvig, Torvet 15, vorbei und schauen Sie sich die Ausschmückungen von Bodil Kaalund an. Danach können Sie das Café Claudis Have, Østergade 14, besuchen.

47 Die Aggersundbrücke

Einst von bewaffneten Soldaten umgeben

Die auffällige Aggersundbrücke ist eine Bogenbrücke, bestehend aus zwei Brückenbögen aus Beton und einer doppelten Brückenklappe in der Mitte. Die über 200 Meter lange Brücke hat eine sechs Meter breite Fahrbahn und einen zwei Meter breiten Gehweg. Sie verbindet den Aggersund mit dem Himmerland. Es waren die Bürger von Løgstør, die in den 1920er Jahren die Pläne für die Brücke initiierten. Es wurden verschiedene Vorschläge für eine feste Verbindung über den Limfjord entwickelt, allerdings wurde man sich nicht einig, und die finanziellen Mittel fehlten, sodass das Projekt auf Stand-by gesetzt wurde. Erst als 1936 der Verkehrsminister vorbeikam, wurden die Pläne wieder aktiviert, 1938 wurde die Brücke genehmigt und mit dem Bau begonnen. Die Platzierung der Brücke bei Aggersund sorgte dafür, dass Aalborg, Hjørring und Thisted Amt sich finanziell am Bau beteiligten – daher die Inschrift »Gebaut 1942 von Aalborg, Hjørring und Thisted Amt« auf den großen Querbalken unter den Brückenbögen.

Die Aggersundbrücke wurde 1942 eingeweiht, bei der Einweihung waren auch deutsche Soldaten dabei. Unter der deutschen Besatzung hatte die Brücke eine strategische Bedeutung für den deutschen Transport von Mannschaft und Materialien nach Norwegen und war deshalb 1943 und 1944 ein militärischer Stützpunkt.

Heute gibt es nur noch einen Brückenwächter. Er öffnet die Klappe in der Mitte, sodass Schiffe durch den Aggersund nach Aalborg gelangen können. Im Sommer gibt es viel Schiffsverkehr in Form von Segelbooten, die am Rennen »Limfjorden Rundt« teilnehmen, und wenn die großen »Tall Ships' Races« stattfinden, kommen auch größere Schiffe vorbei.

Im Bereich der Aggersundbrücke gibt es viele Seehunde, die am besten zu Fuß zu beobachten sind. Gucken Sie nicht nur ins Wasser, sondern auch aufs Land, wo die Seehunde gerne liegen.

Adresse Fjerritslevvej 1, 9670 Løgstør | Tipp Von der Aggersundbrücke aus können Sie mit bloßem Auge den Nørrekær Enge Windmühlenpark sehen. Mit einem Fernglas sehen Sie gen Osten die großen Schornsteine von Aalborg und im Westen die Inseln Livø und Fur sowie die Nordspitze von Mors.

48 Der Nørrekær Enge Windpark

Feuchtgebiet mit vielen Anlagen

Beim Thema Windenergie ist Dänemark mit seinen großen meerverbundenen Windressourcen eines der führenden Länder. Die Windverhältnisse sind im westlichen Teil des Landes am besten, und deshalb finden Sie einen der vielen Windparks in Nørrekær Enge nahe der Aggersundbrücke. Nørrekær Enge ist ein 15 Quadratmeter großes eingedämmtes Feuchtgebiet, in der Steinzeit war hier ein Fjord. Seit der Eindämmung 1947 haben die Bauern das Land rundherum kultiviert. Hier befinden sich unter anderem auch der naturgeschützte Hügel Marbjerg, ein Hügelgrab und die Heilige Quelle Mariekilde.

Von 1988 bis 1990 wurden hier 77 kleinere Windenergieanlagen aufgestellt, die 20 Jahre in Betrieb waren und eine Gesamtkapazität von 17 Megawatt hatten. Doch diese wurden abgebaut und werden nun für umweltfreundlichen Strom in Kuba verwendet. 2009 ersetzte die Stromgesellschaft Vattenfall die 77 Anlagen durch 13 neue mit einer Gesamtkapazität von 30 Megawatt, was dem Jahresverbrauch an Strom von 22.500 Haushalten entspricht. Die 13 Anlagen mit einer Höhe von 127 Metern stehen in einer Reihe in einem Abstand von jeweils 500 Metern entlang dem Fjord.

Vattenfall kaufte die mehr als 20 Grundstücke im Gebiet um den existierenden Windpark auf, um einen neuen und größeren Windpark mit dem Namen Nørrekær Enge II. zu errichten. Er soll der größte On-Shore-Windpark Nordeuropas werden und Strom für 120.000 bis 130.000 Haushalte produzieren. Im Moment ist das Projekt noch nicht genehmigt, und ein großer Teil der Einheimischen ist von dem Plan nicht begeistert. Sie fürchten, dass das Projekt der Gemeinde schadet, dass die Häuser an Wert verlieren und Bewohner wegziehen werden. Der Presse wurde erzählt, dass die Gemeinde vielleicht einen Fonds einrichten werde, um eigene Windanlagen zu bauen, und den zu erwartenden Überschuss zur Förderung der Gemeinde verwenden wolle.

Adresse fahren Sie zum Vesterkærsvej, 9670 Løgstør, bis zum Schild »Vindmøllepark 2 Kilometer«, danach bleiben Sie auf dem Vesterkærsvej bis zum Nørrekærsvej und den Kieswegen; auf dem letzten Stück des Weges können Sie die Windanlagen schon sehen | Tipp Fünf Kilometer vom Windpark entfernt liegt Dänemarks größte Wikingerburg Aggersborg im Aggersborgvej, 9670 Løgstør.

49_Die Kirche

Ein Kloster am »Platz Gottes«

Eine weiße und eine braune Mönchskutte hängen Seite an Seite in der Garderobe und stimmen auf den Besuch der Kirche von Løgumkloster ein.

Um 1173 kamen Zisterziensermönche in die Gegend, um ein Kloster zu bauen, wo sie Landwirtschaft, Fischerei und Mühlen betreiben und im Klostergarten Heilpflanzen, Rhabarber und Möhren pflanzen konnten.

Die Mönche nannten den Ort »Locus Dei«, was so viel wie »Platz Gottes« bedeutet. Die ersten Gebäude waren aus Holz und brannten 1190 nieder. In der Zeit von 1225 bis 1325 wurde deshalb eine Kirche aus Stein gebaut. Die Steine wurden aus Lehm der Løgumberge hergestellt, der Sockel aus Felssteinen vom Feld und der Kalk aus Muscheln aus der Nordsee. Der Baustil war spätromanisch und frühgotisch, was man an den runden Fenstern im Ostchor hinter dem Altar und an den spitzen Fenstern im Westgiebel erkennen kann.

Der Tagesablauf der Mönche wurde durch die acht Gebetszeiten strukturiert mit dem ersten Gebet noch vor Sonnenaufgang. Hierfür gab es eine Nachttreppe, die direkt vom Schlafsaal zur Kirche führte. Es ist spannend, die Mönchstreppe hinunterzugehen und sich in das Leben der Mönche hineinzuversetzen.

In der Kirche können Sie eine Kerze anzünden und eine Gebetskarte oder einen niedergeschriebenen Segen mitnehmen. Vergessen Sie nicht, sich den restaurierten Schrank aus dem Jahr 1325 anzuschauen, der in die Nordwand eingemauert ist. Hier wurden wahrscheinlich Reliquien von den 16 Heiligen, die auf dem Schrank abgebildet sind, aufbewahrt. Das Kloster war fast 400 Jahre lang bewohnt, bis zur Reformation 1536. Die Mönche durften bis zum Tod des Abts 1548 im Kloster bleiben, danach wurde es in ein Landwirtschaftsgut umgewandelt. Die Kirche war seit der Reformation quasi außer Betrieb, bis sie 1739 eine Pfarrkirche wurde. Heute ist die Kirche ein kultureller Treffpunkt mit einer Musikschule und wöchentlichem Gottesdienst.

Adresse Slotsgade 11, 6240 Løgumkloster, www.loegumkloster-kirke.dk | **Öffnungszeiten** Mo–Fr 10–17.30 Uhr, So 12–17 Uhr | **Tipp** Am ersten Sonntag im Monat um 14 Uhr wird ein deutscher Gottesdienst abgehalten, wochtentags um 17.30 Uhr findet Abendgesang statt, mittwochs mit Abendmahl.

50_Die Kriegsgefangenengräber

Ein Friedhof im Wald

Normalerweise befinden sich Gräber und Friedhöfe in der Nähe einer Kirche, nicht so der Kriegsgefangenenfriedhof des Lagers Løgumkloster. Diesen Friedhof finden Sie in einem Wald. Sie müssen einem schmalen Pfad folgen und etwas suchen, da er versteckt liegt.

Der Friedhof mit den Gräbern stammt aus dem Ersten Weltkrieg, damals war Südjütland noch deutsch. Der Friedhof wurde 1915 von den deutschen Behörden für Kriegsgefangene angelegt. Die Kriegsgefangenen mussten unter harten Bedingungen im Lager Løgumkloster leben und arbeiteten hier an der Stellung Nord. 1915 brach im Lager eine Fleckfieber-Epidemie aus, und Hunderte Gefangene wurden krank, doch man bekam die Epidemie zum Glück in den Griff. Trotzdem starben ein Lagerarzt und 71 französische, belgische und russische Gefangene. Alle 72 Toten wurden auf dem Friedhof begraben, und die Mitgefangenen errichteten ein Denkmal mit einer Inschrift in Dänisch, Französisch und Russisch. Das erste Denkmal wurde 1923 durch ein Granitmonument ersetzt.

Das Lager Løgumkloster war errichtet worden, um das Moor Draved Mose zu kultivieren, und hatte Platz für 2.000 Gefangene. Man schätzt aber, dass zu einem Zeitpunkt sogar 3.000 Gefangene im Lager untergebracht waren, vorwiegend aus Russland, England, Belgien und Frankreich. Es war Zivilisten streng verboten, Kontakt mit den Gefangenen aufzunehmen, aber viele Südjüten hatten Mitleid und steckten ihnen trotzdem Essen zu. Ab 1917 wurde das Lager vor allem für deutsche Strafgefangene benutzt. 1920 wurde es bei einem Feuer völlig zerstört. Der einzige sichtbare Beweis, dass es existiert hat, ist der Kriegsgefangenenfriedhof. Es ist still auf dem Friedhof im Wald und auch sehr schön, egal, zu welcher Jahreszeit. Im Sommer, wenn die Sonne durch die Baumkronen auf die Gräber scheint, kann man einige der Namen und Daten auf den Steinen entziffern.

Adresse Krigsfangevej, 6240 Løgumkloster | **Tipp** Der Schotterweg zu den Kriegsgefangenengräbern ist so schmal, dass man hier nicht parken kann. Lassen Sie deshalb das Auto auf den letzten hundert Metern stehen und gehen Sie das letzte Stück zu Fuß.

51 Die Bolcheriet

Handgemachte Bonbons und Toffees

Geht es auf zehn Uhr zu, dann steht vor der Bolcheriet eine lange Schlange von Menschen. Einheimische und Touristen allen Alters sind gespannt darauf, wie die farbenfrohen Bonbons der Stadt hergestellt werden. Thomas Brandt hat schon seit er 14 Jahre alt ist, Bonbons hergestellt. 2001 ist er mit Mariam Touray von Kopenhagen nach Løkken gezogen, um eine Bonbonkocherei zu eröffnen, die ganzjährig täglich geöffnet hat. Das Paar wurde schnell ein Teil der Gemeinde, auch wenn Mariam mit ihrer nordjütischen Art doch sehr munter ist. Oft und laut singt sie ihr »Bolsjepakker«-Lied, gerade dann, wenn der Laden vor Gästen nur so brummt. Thomas ist für die Herstellung zuständig, während Mariam die Abläufe erklärt und unterhält.

Die Bonbons werden über dem offenen Feuer gekocht und die Bonbonmasse dann an einem Haken immer wieder lang gezogen, was sie luftig und porös macht. Ist die Masse abgekühlt, werden die Kinder an den Tisch gebeten, wo sie ihren eigenen Lolli herstellen dürfen. Auch wenn hier Tag und Nacht gearbeitet wird, kann sich das Paar nicht vorstellen, die Arbeit zu automatisieren. Thomas Brandt macht lieber alles mit der Hand, denn er liebt sein Handwerk und die zugehörigen Herausforderungen.

Es ist harte körperliche Arbeit, da die Bonbonmasse, die an dem Haken bearbeitet wird, 37 Kilogramm wiegt. Mariam verrichtet diese Arbeit gelegentlich, um das Publikum zu erheitern, viel lieber steht sie aber im Laden und bedient die Kundschaft. In der Bolcheriet geht es immer lustig zu, gleichzeitig ist dies ein professionell betriebenes Geschäft. Die Bonbonmacher gewannen 2015 den Creative Circle Award für das Verpackungsdesign ihrer dreieckigen Boxen und wurden in einem Magazin in China und im deutschen »Novum« erwähnt. Sie halten außerdem den nationalen Rekord für Logo-Bonbons mit Platz für 21 Buchstaben in einem einzigen Bonbon.

Adresse Torvet 1, 9480 Løkken, www.bolcheriet.dk | Öffnungszeiten Mo–So 10–17 Uhr, Jan. geschlossen | Tipp Dem Ehepaar gehört auch die Bolcheriet in Skagen (Havnevej 6), wo Karamellen hergestellt werden.

52 Johanne Grønbechs Haus

Stimmungsvoller Einblick in die Geschichte Løkkens

Das Museum Løkken besitzt zwei historische Gebäude, die die Geschichte der Stadt lebendig werden lassen: das frühere Rettungshaus von Løkken, das jetzt ein kleines Küstenfischermuseum ist, und das reizende »Johanne Grønbechs Hus« aus den 1860ern. 2015 musste das Rettungshaus wieder aufgebaut werden, nachdem es von einem Sturm übel zugerichtet worden war. Johanne Grønbechs Haus blieb vom Sturm verschont und ist heute im Besitz der Løkken-Vrå-Kommune.

Das Haus wurde von Johannes Großvater gebaut, dem Schiffskapitän Thomas Grønbech, der für den Bau Holz aus Norwegen benutzte. Als Thomas Grønbech starb, erbte sein Sohn Niels das Haus. Nach seinem Tod erbte es wiederum seine Tochter Johanne Grønbech. Sie wohnte hier bis zu ihrem Tod. 1976 übernahm der Museumsverein Løkken das Haus und wandelte es in ein Museum um. Deshalb ist es heute möglich, unter anderem die alte, authentisch eingerichtete Küche und Waschküche von 1900 zu besichtigen und sich eine Ausstellung über die Entwicklungsgeschichte Løkkens anzusehen mit Schwerpunkt auf dem Schiffshandel.

Das Haus wird unermüdlich von ehrenamtlichen Kräften und einem engagierten Vorstand betrieben, die jedes Jahr eine Sonderausstellung konzipieren. 2016 konnte man sich eine Sonderausstellung zum Thema »Alte Sommervillen in Løkken« anschauen, 2015 lautete das Thema »Auswanderungen aus Løkken und Umgebung«. Die Einheimischen unterstützen das Museum, indem sie viele Möbel und Requisiten bereitstellen. Aus Salzteig wird Kuchen und mehr hergestellt, der die ganze Saison über frisch aussieht und als Requisit in der Küche oder auf dem gedeckten Tisch im Wohnzimmer zum Einsatz kommt.

Im Garten stehen ein riesiger Kastanienbaum sowie ein altes Badehaus mit einer Ausstellung über das Badeleben in Løkken. In einem anderen kleinen Gebäude im Garten wurde auch eine alte Toilette bewahrt.

Adresse Nørregade 12, 9480 Løkken, www.loekkenmuseum.dk | Öffnungszeiten wechseln im Laufe der Saison, Juli–Aug. So–Fr 13–16 Uhr, Eintritt Erwachsene 10 Kronen, Kinder gratis | Tipp Besuchen Sie auch das kleine Küstenfischermuseum im Ndr. Strandvej in Løkken, wo das siebeneinhalb Tonnen schwere Küstenschiff von 1944 die Hauptattraktion ist (Eintritt frei).

53_Der Leuchtturm

Schauen Sie ihn sich an, bevor er ins Meer stürzt

Im Frühjahr 2016 war es das erste Mal seit zehn Jahren wieder möglich, den Leuchtturm über eine Treppe zu besteigen. So konnte man das großartige Panorama 80 Meter über der Nordsee genießen und fast aus der Vogelperspektive über die schöne Dünenlandschaft schauen, die ironischerweise auch das Ende des Leuchtturms bedeuten wird. Bei der Eröffnung des Leuchtturms 2016 wurde gelobt, das Projekt beim Rubjerg Knude zeige, dass zurückhaltende und respektvolle Architektur einen Ort gestalten könne, ohne dabei die Natur zu stören.

Der 23 Meter hohe Leuchtturm aus dem Jahr 1900 wurde damals 200 Meter im Landesinneren platziert. Als die Jahre vergingen, kamen die Dünen dem Leuchtturm immer näher, bis sie ihn umgaben. Der Leuchtturm ist seit 1968 außer Betrieb. Da die Steilküste pro Jahr ungefähr zwei Meter näher kommt, schätzt man, dass der Leuchtturm in den 2020ern ins Wasser stürzen wird. Bis dato ist noch nicht geklärt, ob der Leuchtturm abgerissen werden soll oder ob man ihn buchstäblich ins Wasser fallen lässt. Egal, was passiert, Sie sollten den wunderschönen Leuchtturm besuchen, bevor es zu spät ist.

Der Spaziergang zum Leuchtturm ist besonders schön, wenn ein blauer Himmel den weißen Sand und den roten Turm ergänzt. Es ist hier üblich und ein schöner Brauch, alle zu grüßen, die man auf dem Weg zum versandeten Leuchtturm trifft.

Die mächtigen und wilden Kräfte der Natur aus nächster Nähe zu erleben ist ein beeindruckendes Erlebnis. Es kann auch widersprüchliche Gefühle in Ihnen wecken, denn auf der einen Seite ist es wunderschön, den Leuchtturm und die umliegende Natur zu erleben, auf der anderen Seite ist es traurig, zu wissen, dass er in ein paar Jahren wahrscheinlich nicht mehr da ist. Immerhin können Sie sich damit trösten, dass Sie es noch geschafft haben, den Leuchtturm an seinem ursprünglichen Platz zu sehen.

Adresse Fyrvejen 30, 9480 Løkken | **Öffnungszeiten** den ganzen Tag geöffnet, Eintritt gratis | **Tipp** Denken Sie bei Sonnenschein daran, eine Sonnenbrille mitzunehmen – der weiße Sand blendet wie Schnee!

54 Die Weiße Stadt

485 Badehäuser, wie Perlen an einer Schnur

»Weiße Stadt« (»Den hvide by«) ist der Spitzname der 485 privaten Badehäuser am Strand von Løkken. Als 1895 die ersten Badehäuser aufgestellt wurden, hätte niemand gedacht, dass die Häuser einmal ein Wahrzeichen von Løkken sein würden, doch genau so kam es. Die ersten Jahre standen die Badehäuser auf Rädern und wurden mit Pferden auf den Strand gezogen, damit die Badegäste sich hier umziehen konnten, um dann ins Meer zu springen. Danach wurden die Häuser von Pferd und Kutscher wieder abgeholt.

1925 waren die privaten Badehäuser sehr beliebt und fast wie Ferienhäuser eingerichtet, doch 1933 wurde das Übernachten in den Häusern verboten. Auch das damalige Gesundheitsamt griff ein und sorgte dafür, dass der Strand nicht als Mülldeponie benutzt wurde. Es gab jetzt so viele Badehäuser, dass Regeln aufgestellt wurden, zum Beispiel sollten alle Häuser weiß sein und in einem Abstand von zehn bis 15 Metern zur Steilküste stehen. Heute gibt es Vorschriften, wie groß die Fenster und wie hoch und breit die Häuser sein dürfen, damit sie einen schönen Anblick am Strand bieten.

Die Besitzer der 485 Badehäuser sind vorwiegend Einheimische, oft werden die Häuser in der Familie weitervererbt. Ein Abkommen zwischen Hjørring Amt und der Naturstyrelsen (der Behörde für Naturschutz des dänischen Umweltministeriums) besagt, dass nur 485 Badehäuser zwischen Mai und Oktober am Strand liegen dürfen, deshalb stehen Hunderte auf einer Warteliste, um einmal Besitzer eines Badehauses zu werden. Es ist immer noch nicht gestattet, in den Häusern zu übernachten, und sie dürfen auch nicht vermietet werden, was viele Besitzer und Badegäste ärgert.

Die Weiße Stadt ist ein fester Bestandteil von Løkkens Image, und viele Geschäftsleute lassen sich von den Häusern inspirieren. So gibt es einen Kleiderladen, dessen Umkleiden wie die Badehäuser aussehen, ein Restaurant, das wie ein Badehaus eingerichtet ist, und ein Geschäft, das Badehäuser-Souvenirs verkauft.

Adresse Løkken Strand, 9480 Løkken (Sie können über den Ndr. Strandvej bis runter auf den Strand fahren oder über den Ny Strandvej) | Tipp Fahren Sie am Strand entlang nach Norden, so treffen Sie auf viele Bunker des Zweiten Weltkriegs, die als Schutzunterkünfte benutzt werden.

55 Die Glasbläser

Sehen Sie den Künstlern über die Schulter

Das kleine Fischerdorf Lønstrup beherbergt viele Künstler und Kunsthandwerker, weshalb das Dorf auch als »Stadt der Kunst« bezeichnet wird. Die vielen Künstler wohnen dauerhaft hier. Deshalb haben die zahlreichen Werkstätten, Galerien und Glasbläsereien das ganze Jahr über geöffnet und nicht nur im Sommer, wie es in anderen Urlaubsorten üblich ist. Dies ist auch nur möglich, da die Touristen aus Norwegen, Schweden, Holland und Deutschland zu jeder Jahreszeit anreisen.

Gerade die Deutschen sind in Lønstrup dafür bekannt, dass sie wissen, wie man sich dem Wetter entsprechend kleidet. Und so bleiben sie bei Regen nicht zu Hause, sondern besuchen die Stadt auch außerhalb der Hochsaison.

Doch vor allem in den Sommermonaten ist es in den Glasbläsereien voll mit Menschen. Begeisterte Kinder und Erwachsene haben die Möglichkeit, ganz nah an den Glasbläsern und den heißen Öfen zu sein, und erleben auf diese Weise, wie 1.100 Grad heißes Glas nach 2.000 Jahre alter Tradition geformt wird.

Die Glasbläserin Rikke Precht hat ihre Glasbläserei schon seit 2009 und ist es gewohnt, vor Publikum zu arbeiten. Sie zeigt gerne, wie das glühende Glas auf dem Eisenrohr gerollt wird, und bläst Luft durch das Rohr, bis das Glas die richtige Form hat. Mit Werkzeug, Holzblock und nassem Zeitungspapier wird es bearbeitet, bis es aussieht wie gewünscht. Die Arbeit geschieht mal mit, mal ohne einen Assistenten. Es dauert etwa 20 Minuten, ein Kunstwerk aus Glas herzustellen. Das Glas muss dann bis zum nächsten Tag auskühlen.

In der angrenzenden Ausstellung, die sich unter demselben Dach wie die Werkstatt befindet, kann man die Werke kaufen. Möchten Sie sich selber als Glasbläser versuchen, können Sie einen Termin vereinbaren. Dann können Sie selbst etwas kreieren. Kinder können tolle Sandabdrücke von Händen und Füßen erstellen.

Adresse Glaspusteriet Rikke Precht, Strandvejen 49, Lønstrup, 9800 Hjørring | Öffnungszeiten Juli – Aug. täglich 10 – 17 Uhr, darüber hinaus wechselnde Öffnungszeiten, siehe Homepage | Tipp Von Lønstrup Stadtmitte aus können Sie zu Fuß um die 25 Glasbläsereien, Galerien und Kunstwerkstätten erreichen.

56 Das Lønstrup Café Bio

Enthusiasten betreiben ein lokales Kulturhaus

Es ist schwer für Dörfer, mit den modernen Kinos in den Großstädten und was sonst noch so in der Gastronomie und der Unterhaltungsbranche dazugehört, mitzuhalten. Doch entgegen allen Erwartungen glückt es manchmal einer Gruppe von ehrenamtlichen Enthusiasten, ein Kulturhaus zu bewahren oder aufzubauen, und so ein Ort ist das Lønstrup Café Bio.

Einfach ausgedrückt besteht Lønstrup Stadtmitte hauptsächlich aus einer langen Straße, nämlich dem Strandvejen, welcher sich ein paar Kilometer durch die steilen Dünen schlängelt. Auf den großen mit Gras und Strandhafer bewachsenen Hügeln im nördlichen Teil von Lønstrup liegen die sogenannten Sommervillen, die alle um 1920 erbaut wurden. Am Fuße der Hügel und direkt am Marktplatz der Stadt finden Sie das nette Lønstrup Café Bio.

Das charmante hellblaue Gebäude war von 1918 bis 1976 ein Kino, dann war Schluss mit den Filmvorführungen. 1992 eröffnete das frühere Kino als Café und Musikhaus neu, und seit 2001 gibt es wieder ein kleines Kino in dem alten Gebäude, allerdings nur für besondere Anlässe. Die Filmauswahl besteht aus kleineren Filmen und nicht aus Hollywood-Blockbustern. Das Anliegen des Café Bio ist es, das allgemeine Interesse an Filmkunst, Musik, Literatur und Vorträgen zu fördern.

Vom 1. April bis zum 1. September hat das Blaue Café im selben Gebäude täglich ab zehn Uhr geöffnet. Im Winter hat nur das Lønstrup Café Bio geöffnet und dies auch nur bei Filmvorführungen.

Als 2016 das Lønstrup Pfingstfestival zum ersten Mal abgehalten wurde, war das viel gelobte PH Cabaret das Highlight. Ebenso wie das Café Bio wurde das Pfingstfestival ehrenamtlich auf die Beine gestellt, und zwar vom Verein »Lønstrup Kultur und Licht«. Der Verein schafft neue Initiativen in Lønstrup, um die vielen Kunsthandwerker mit dem Vereins- und Geschäftsleben der Stadt zu vernetzen.

Adresse Strandvejen 100, Lønstrup, 9800 Hjørring, www.lonstrupcafe.dk | Öffnungszeiten 1. April – 1. Sept. täglich 10 – 22 Uhr | Tipp Das nordjütländische Musikduo Sussi und Leo tritt während der Saison mehrmals auf. Die Termine werden auf der Facebook-Seite des Cafés bekannt gegeben.

57 Die Sanddornernte

Nordeuropas größtes Sanddorngebiet

Die jütische Westküste ist eine Schatzkammer, was einzigartige Zutaten angeht. Gerade die alten Dünenlandschaften sind reich damit gesegnet, zum Beispiel die Dünengegend bei Rubjerg Knude nahe Lønstrup in Nordjütland, mit Wald auf der einen und der Nordsee auf der anderen Seite.

Hier gibt es ein 50 Hektar großes Gebiet, in dem Sanddorn wächst. Es ist das größte Sanddorngebiet Nordeuropas und gehört Hanne Brix Koldkjær von der Sanddornkompagnie. Sie lädt gerne zum Selbstpflücken ein, möchte aber vorher gefragt werden. Man kann Sanddorn auch an anderen Orten der Westküste finden, der dann ohne Erlaubnis gepflückt werden darf.

Sanddorn wird im September und im Oktober geerntet. Da die reifen Beeren an den Pflanzen bleiben, ist es wegen der langen Stacheln schwer, sie zu ernten, aber es ist die Mühe wert! Sanddorn ist eine der gesündesten Beeren überhaupt und enthält acht Vitamine, 24 Mineralien, acht Aminosäuren sowie Omega 3, 6, 7 und 9. Er enthält dreimal so viel Vitamin A wie Karotten und viermal so viel Vitamin E wie Sonnenblumenkerne. Eine einzelne Beere enthält so viel Vitamin C wie eine große Apfelsine. Sanddorn wird deshalb als Superfood bezeichnet.

Rohe Sanddornbeeren schmecken sauer und ziehen einem die Spucke aus dem Mund, daher werden sie selten roh gegessen. Die Beeren werden aber in der nordischen Küche gern für Vorspeisen, Hauptgerichte, Desserts und Getränke verwendet.

Das Dünengebiet von Hanne Brix Koldkjær steht unter Schutz. Alle Sanddornbüsche haben sich selbst gesät und stehen schon seit der Eiszeit dort. Hier darf nicht gedüngt oder die Natur generell gestört werden, insofern ist der Sanddorn ein Bioprodukt. Hannes Wissen über die Geschichte des Sanddorns und seine nützlichen Eigenschaften ist beeindruckend, und es ist ein großes Erlebnis, sie zu besuchen und mit ihr Sanddorn zu ernten.

Adresse Wild wachsenden Sanddorn finden Sie an vielen Stellen entlang der Fahrradwege an der Nordsee. Möchten Sie das größte Sanddorngebiet Nordeuropas besuchen, dann kontaktieren Sie bitte die Sanddornkompagnie über deren Homepage, www.havtornekompagniet.dk. | **Tipp** Nehmen Sie Gartenhandschuhe, eine dicke Papiertüte und eine Rosenschere mit, wenn Sie Sanddorn ernten wollen.

58 Butik Slotsgaden

Antiquitäten, angewandte Kunst und Kaffee

Egal, ob Sie auf der Suche nach einem Retro-Salzbehälter, einem alten Pulverhorn, einem barocken Langtisch oder einem antiken Schaukelstuhl sind, hier im Butik Slotsgaden, auch Møgeltønder Antik genannt, finden Sie es mit Sicherheit. Denn hier gibt es Dinge jeglicher Couleur. Besucher, die auf der Suche nach norwegischer Wollkleidung, englischen Antiquitäten oder alten schwedischen Möbeln sind, werden sich hier wie im Paradies fühlen. Nur die Phantasie setzt Grenzen. Egal, ob Sie regelmäßig oder zum ersten Mal einen Antiquitäten-Laden besuchen, hier werden Sie bestimmt etwas Tolles finden.

Butik Slotsgaden ist 1.000 Quadratmeter groß und befindet sich im historischen Posselts Gård in der schönen Hauptstraße Slotsgaden in Møgeltønder. Der vierflügelige Hof wurde im 18. Jahrhundert vom H. H. Holm gebaut. Der Hof ist vollständig erhalten, mit Zimmern mit hoher Decke, einer Suite mit Einbauschränken und seltenen Ölgemälden aus dem 18. Jahrhundert über den Türen. Der Posselts Gård ist so berühmt, dass es im Legoland eine Kopie von ihm gibt, und der Hof ist eine fast ebenso große Sehenswürdigkeit wie das Schloss Schackenborg in Møgeltønder.

Die 400 Quadratmeter große Scheune ist gefüllt mit jeder Menge neuer und alter angewandter Kunst. Sie können hier einen guten Fund machen, ebenso wie auf dem Heuboden und im alten Kuhstall.

Der Laden Butik Slotsgaden teilt sich die Adresse mit dem gemütlichen Café Slotsgaden. So können Sie Hausgemachtes im gemütlichen Biergarten genießen mit seinen rot karierten Tischdecken, den mannshohen Hortensien und einem offenen Pavillon, der nur aus einem Eisenskelett besteht.

Alle Tische und Stühle im Café sind zu verkaufen. Man kann sich das Essen im Garten oder auf der Straße servieren lassen. Der Besitzer macht alles selbst in seinem Café, dessen Küche in der Mitte eines Geschäfts liegt.

Adresse Slotsgaden 14, 6270 Møgeltønder, www.slotsgaden.dk | Öffnungszeiten wechselnd, Sommer 10–20 oder 21 Uhr, Dez. 9.30–17 Uhr, mehr Infos auf der Homepage | Tipp Auf der anderen Seite der Straße liegt Mormors Lille Café (Omas kleines Café), das sowohl für seine Süßigkeiten als auch seine naivistischen Malereien bekannt ist.

59_Die Kirche

Eine Kirche in der Einkaufsstraße

Häufig müssen Kirchgänger ein Stück aus ihrem Dorf herausfahren, um zur örtlichen Kirche zu kommen. In Nykøbing auf Mors ist das anders, da die hiesige Kirche mitten in der Stadt, ja fast mitten in der Einkaufsstraße liegt. Die Backsteinkirche mit ihrem 43 Meter hohen Kupferturm ist das Wahrzeichen von Nykøbing Mors. Sie wurde 1891 im neugotischen Stil erbaut und steht an demselben Ort, an dem zwei Jahre zuvor die baufällige St.-Clement-Kirche abgerissen worden war.

Der Chor der Kirche ist etwas höher als das Kirchenschiff und hat eine hübsche Halbkuppelwölbung. Sie hat vielleicht nicht ganz die Ausmaße des Petersdoms, aber auch diese Halbkuppel hat etwas Faszinierendes und verleitet einen dazu, den Kopf weit in den Nacken zu legen, nach oben zu schauen und zu staunen.

Das Haupt- und die Querschiffe der Kirche haben ein Tonnengewölbe und sind mit einem Entwurf des Dekorations- und Glasmalers Christen Nielsen Overgaard (1851–1929) verziert. Der Maler August Jerndorff (1846–1906), Professor an der Kunstakademie, hat das Altarbild geschaffen und ist auch für die Ausschmückungen des Chores verantwortlich. Das Altarbild von 1892 heißt »Jesus tröstet«. Es zeigt Jesus umgeben von bedrückten und vielleicht auch kranken Menschen. Das Altarbild wird von Seitenflügeln eingerahmt, auf denen Engel zu sehen sind, die Spruchbänder mit dem Vaterunser halten.

Das Taufbecken wurde ursprünglich für eine Mittelalterkirche gebaut. Bei einer Kirchenrestaurierung im Jahr 1856 wurde es verkauft, und als es wieder zurückgekauft wurde, war das Becken so ramponiert, dass es neu gehauen werden musste und auch einen neuen Sockel bekam. Erst wurde es vor der Kirche aufgestellt und ging später dann an die Kirche auf Mors.

Zur Ausstattung der Kirche gehören auch schöne Kronleuchter, unter anderem zwei Renaissance-Kronleuchter aus dem 17. Jahrhundert.

Adresse Kirkegade 2, 7900 Nykøbing Mors | **Öffnungszeiten** Mo–Fr 9–16 Uhr, Sa 9–12 Uhr | **Tipp** In der Kirkegade 3 finden Sie eines der ältesten Kinos Dänemarks, das Bio Mors von 1924. 1991 war das Kino nahe daran, zu schließen, aber einige Bürger taten sich zusammen, und es gelang ihnen, es privat weiterzubetreiben.

60__Das Schalentierfestival

Die Schatzkammer des Meeres

Die Insel Mors im Limfjord hat eine 151 Kilometer lange Küste und bietet ideale Bedingungen für den Austern- und Muschelfang. Die Hauptstadt der Insel Nykøbing Mors unternimmt viel, um ihr Image als Dänemarks Schalentierhauptstadt aufrechtzuerhalten, und die Anstrengungen der Stadt sind es wert, unterstützt zu werden. Am ersten Wochenende im Juni wird hier das jährliche Schalentierfestival abgehalten, bei dem es reichlich Kostproben für die ungefähr 15.000 Besucher gibt.

Die Muscheln, die im Mittelpunkt des Festivals stehen, kann man hier in allen Farben und Formen probieren. Unter anderem werden sie geräuchert oder in Butter oder mit Wurzelgemüse und Spezialbier aus dem Thisted Brauhaus gedünstet. Während des Festivals 2016 wurden an einem Tag zwischen zwei und drei Tonnen Muscheln, 500 Kilo Krabben, 750 Austern und 2.500 Fischfrikadellen serviert! Ohne die rund 130 ehrenamtlichen Helfer, die das Festival zu einem unvergesslichen Erlebnis machen, wäre es nicht möglich, es durchzuführen. Für diejenigen, die keine Schalentiere mögen, gibt es Alternativen: Während des Festivals werden viele kinder- und familienfreundliche Aktivitäten angeboten, unter anderem ein Krabbenlauf und Bootstouren im Hafengebiet.

Im Oktober folgt auf das Schalentierfestival die jährliche Austern- und Muschelpremiere, die die neue Saison der Austern- und Muschelfischerei einläutet. Zur Austern- und Muschelpremiere reisen auch bekannte Köche an und bereiten auf einer Bühne Limfjord-Austern zu, die eine noch größere Delikatesse als die Pazifik-Austern sind. Ein Biologe vom »Dänischen Schalentierzentrum« hält Vorträge über Austern, und Sie können an Bord eines Kutters mitfahren und erleben, wie die Austern gefangen werden. Gäste, die noch aktiver an der Premiere teilnehmen möchten, können bei einer Safari mitmachen und in Watthosen auf Austernfang gehen.

Adresse Havnen, 7900 Nykøbing Mors, www.skaldyrcenter.dk | **Tipp** Besuchen Sie auch das Dansk Støberimuseum, Nørregade 13, 7900 Nykøbing Mors. Das Museum erzählt die Geschichte der Eisengießerei Morsø. Es fühlt sich an, als würde man tatsächlich eine Gießerei betreten, in der es immer noch nach Eisenherstellung riecht.

61 Der Skarregaard

Der Familienhof im Dornröschenschlaf

Der heutige Familienhof Skarregaard wurde zwischen 1840 und 1910 erbaut. Alles hier sieht so aus wie im Jahr 1950, und es gibt keine Pläne, den Hof aus seinem Dornröschenschlaf zu holen. Zum Glück, denn ein Besuch spiegelt den Alltag einer Familie Mitte des 20. Jahrhunderts authentisch wider.

Der Skarregaard ist denkmalgeschützt und wird als Museum betrieben. Vier Generationen der Familie Overgaard haben den Hof bewirtschaftet, und da Carl A. Overgaard (1914–1978) keine Kinder hatte, vermachte er ihn der Gemeinde Morsø, um den Hof und die umliegende Natur zu erhalten. Seit 1992 erhält das Morsland Museum den Hof.

Im Haupthaus gibt es in den Räumen und in der Küche spannendes altes Mobiliar. Die schmalen Kammern mit Strohbetten zeigen, wie die Knechte Seite an Seite mit den Tieren gelebt haben. Im Stall werden kleine Geschichten über Mors gezeigt – als Besucher fühlt man sich in die Vergangenheit zurückversetzt, so wie der Spaßvogel, der »R. I. P. Wi-Fi« ins Gästebuch schrieb.

Die umliegende Natur mit ihrer Morten-Korch-Idylle kann einem den Atem rauben. Schon auf dem Hof sehen Sie durch das Tor die drei Seen. Folgen Sie einer der fünf Routen, die zusammen einen Naturpfad bilden, vorbei am Fachwerkhaus aus dem 17. Jahrhundert, dem Molergraben, Skarregaards Wall und einem Grabhügel aus der Bronzezeit. Im Museumsshop gibt es eine Karte der Gegend.

Der Skarregaard ist ein »lebender Bauernhof« mit Hühnern, Gänsen, Schafen, Pferden, und Ziegen, aber im Vergleich zu früher sind nur noch wenige Tiere übrig. Dennoch wird jedes Jahr ein Schafschur- und Erntetag abgehalten, an dem die Gäste zuschauen dürfen. Als Besucher können Sie sich auf dem Skarregaard so richtig entspannen. Es ist erlaubt, die Bänke umzustellen, um Sonne oder Schatten zu genießen. Sie können hier ihr selbst mitgebrachtes Essen auspacken oder auch ein Eis im Museumsshop kaufen.

Adresse Feggesundvej 53, 7900 Nykøbing Mors, www.museummors.dk/skarregaard | **Öffnungszeiten** wechselnd, siehe Homepage, Eintritt Erwachsene 70 Kronen, Kinder unter 18 Jahren gratis | **Tipp** Der Skarregaard hat auch eine Shelter-Unterkunft, in der Sie übernachten oder zelten können.

62 Das Museum

Museum mit Kunst, Archäologie und Skelett

Die größte Attraktion des Nymindegab Museums ist das Skelett eines zwölf Meter langen Pottwals. Der Wal strandete 1990 bei Nymindegab, und der tote, 25 Tonnen schwere Wal war sofort eine Touristenattraktion. Dies weckte auch das Interesse des Zoologischen Museums in Kopenhagen, das sich den Wal näher ansehen wollte. Er explodierte jedoch vor laufenden Kameras, als die Biologen ihn öffneten. Nach der Obduktion kam der Wal nach Kopenhagen und wurde dort gereinigt. Die Bürger von Nymindegab bauten in der Zwischenzeit ein Walhaus, um das Walskelett dort auszustellen, und dort hängt es noch heute.

Das Nymindegab Museum ist ein Heimatmuseum, das außer dem Walskelett noch vieles mehr zu bieten hat, wie zum Beispiel tolle Funde aus der Eisen- und Wikingerzeit. Unter den archäologischen Funden sind auch die Eisenzeitgräber von Lønne Hede, wo wunderbar erhaltene Textilien gefunden wurden.

Das Museum hat ein Freiluftgelände mit einem Küchengarten und Bienenstöcken sowie Häusern aus den 1930ern. Schauen Sie ins Tischlerhaus. Hier sehen Sie allerlei altes Spielzeug und Kaufmannswaren von anno dazumal. Es gibt authentisch eingerichtete Räume, in denen Sie die Zeitung von 1941 lesen können. Oder Sie besuchen die alte Werktstatt. Auf dem Rasen können die Kinder auf Stelzen laufen und spielen. Besuchen Sie danach die kleinen Hütten und die charakteristische Mühle.

Sind Sie an den alten Skagen-Malern interessiert, so bietet Ihnen das Museum eine große Sammlung, unter anderem mit Werken von Laurits Tuxen und Johannes Larsen. Das liegt daran, dass Tuxen 1878 in Nymindegab war und dort von der Landschaft und den malerischen Motiven begeistert war. Tuxen ließ sich später in Skagen nieder. Außer den Malereien der genannten Herren können Sie im Museum auch das Werk »Savmøllen i Nymindegab« von Marie Sandholt sehen.

Adresse Vesterhavsvej 294, Nymindegab, 6830 Nørre Nebel, www.vardemuseerne.dk/museum/nymindegab | Öffnungszeiten wechselnd, siehe Homepage, Eintritt Erwachsene 75 Kronen, Kinder unter 18 Jahren gratis | Tipp Bringen Sie einen Picknickkorb mit und genießen Sie Ihr Essen draußen auf dem Rasen.

63 Die Fresken

Die romanische Aal-Kirche

Die Fresken in der Aal-Kirche in Oksbøl gehören zu den schönsten und größten romanischen Kalkmalereien Dänemarks. Die ältesten Teile der Kirche stammen aus dem 12. Jahrhundert. Man nimmt an, dass der Chorraum etwa zwischen 1250 und 1300 verlängert wurde, die Vorhalle zwischen 1200 und 1300 entstand und der Kirchturm im 16. Jahrhundert. Innen wie außen findet man hier also mittelalterliche Architektur.

Die größte Attraktion sind aber ohne Zweifel die romanischen Fresken, die man unbedingt genauer studieren sollte. Der größte Teil der Fresken wurde 1886 entdeckt und zwei Jahre später von Jacob Kornerup restauriert. Um 1900 wurden in der Kirche weitere Fresken entdeckt, aber diese wurden lediglich übermalt und nicht für die Nachwelt bewahrt. Der Zahn der Zeit hat an den Fresken genagt, unter anderem nahmen sie Schaden durch ein undichtes Dach, sodass Eigil Rothe im Jahr 1925 eine erneute Restaurierung vornahm und die Farben auffrischte. 1937 kam am südlichen Kirchenschiff hinter der Kanzel ein Fragment zum Vorschein, welches 1941 von Egmont Lind konserviert wurde. Er führte auch 1947 eine neue Restaurierung aller Ausschmückungen durch.

Bei der letzten Restaurierung 1971 durch Knud Simonsen war es schwer, die originalen von den neu gemalten Partien zu unterscheiden. Daher wurden die Farben beibehalten, die durch die früheren Restaurierungen geschaffen worden waren. Und wieder wurden Teile von romanischen Fresken gefunden, als der Kirchenraum 1982 gekalkt wurde, aber sie wurden leider übermalt. Man vermutet, dass die romanischen Malereien ursprünglich alle Wände im damaligen Kirchenraum zierten.

Die Fresken haben zwei Hauptthemen. Das eine Hauptmotiv ist die Legende von St. Nikolaus, dem Schutzpatron der Kirche. Darüber hinaus gibt es ein Reiterfries, das die sogenannten »rytterkampfriser« zeigt, eine Darstellung, die oft mit dem Teppich von Bayeux verglichen wird.

Adresse Kirkegade 40A, 6840 Oksbøl | Öffnungszeiten täglich 9–16 Uhr | Tipp Die Aal Kirke ist auch bekannt für die 14 Reliefs im Chorraum mit ungewöhnlichen Darstellungen von Jesu Geburt und Szenen aus seinem Leben.

64 Das Panzer- und Feuerwehrmuseum

Ein brandsicherer Besuch

Wie der Name schon sagt, beherbergt das Panzer- und Feuerwehrmuseum zwei Museen unter einem Dach. Das Museum »Dänemarks Feuerwehrautos« besteht aus einer Ansammlung von Triangel-Feuerwehrautos sowie pferde- und handgezogenen Fahrzeugen. Die ältesten Stücke stammen aus dem Jahr 1800. Das Feuerwehrautomuseum besitzt eine große Sammlung von Modellautos und Feuerwehrausrüstung, wie Helme, Uniformen und Embleme – insgesamt ungefähr 2.500 verschiedene Gegenstände. Die Sammlung ist die größte Sammlung dieser Art weltweit und wurde ins Guinnessbuch der Rekorde aufgenommen. In der Halle mit den Feuerwehrautos finden Sie eine sehr berührende Ausstellung mit großen Fotos von Feuerwehrleuten bei der Arbeit nach dem Terrorangriff in den USA am 11. September 2011.

Haben Sie Eintritt gezahlt, erhalten Sie auch Zutritt zum Panzermuseum mit seiner historischen Sammlung von Fahrzeugen und Ausbildungsmaterialien, die während des Zweiten Weltkriegs verwendet wurden. Hier gibt es schwer gepanzerte Fahrzeuge, und viele von ihnen sind immer noch fahrtüchtig. In den Sommer- und Herbstferien kommen viele deutsche Familien mit Kindern ins Museum und genießen die sogenannten Aktivitätstage, die jeden Mittwoch von 10.30 bis 14.00 Uhr stattfinden. Hier lernen die Kinder, Brände zu löschen, und hören den Sound eines richtigen Panzers. Sie können Zinnsoldaten gießen, Tragetaschen bemalen, Stockbrot backen, eine der Feuerleitern ausprobieren und vieles mehr.

Die ganze Saison über kann man sich im Museumskino einen Film über Brandsicherheit im Heim und über die Feuerwehr in alten Tagen ansehen. Hier gibt es auch einen Spielbereich mit Spielzeugautos, Maltisch und Spielhaus. Daneben ist ein Selbstbedienungscafé, wo die Erwachsenen Kaffee trinken können, während die Kinder spielen. Es ist auch erlaubt, sein eigenes Essen mitzubringen.

Adresse Industrivej 18, 6840 Oksbøl, www.danmarksbrandbiler.dk | Öffnungszeiten wechselnd, siehe Homepage, Eintritt Erwachsene 80 Kronen, Rentner 60 Kronen, Kinder von 3–12 Jahren 30 Kronen | Tipp Sie können auch eine Führung buchen (Anmeldung 14 Tage im Voraus).

65 Der Dom

Dänemarks ältester Dom in der ältesten Stadt

Nähern Sie sich der ältesten Stadt Dänemarks, Ribe, bietet sich Ihnen die gleiche Stadtansicht, welche schon Reisende Mitte des 13. Jahrhunderts hatten: eine Stadt, dominiert von einem wunderschönen Dom. Der Dom zu Ribe ist der älteste Dom Dänemarks und die einzige fünfschiffige Kirche des Landes. Es ranken sich spannende Geschichten um die Kirche mit interessanten Details, von denen hier nur wenige erwähnt werden können. Der offizielle Name des Doms ist Marienkirche, denn er wurde der Jungfrau Maria geweiht. Der Dom wurde um 1150 im romanischen Stil auf einem kleinen Hügel erbaut, und es dauerte 100 Jahre bis zu seiner Vollendung.

Weihnachten 1283 erlebte der Dom eine Katastrophe. Kurz vor der Messe, als die Kirche sich füllte, stürzte der Treppenturm ein und tötete mehrere Kirchgänger. Ein neuer Turm wurde gebaut, der 1333 fertiggestellt war. Der Turm mit Spitze war 65 Meter hoch, doch 1594 stürzte die Spitze ein. Danach baute man diese nicht wieder auf, sodass der Turm »nur« 52 Meter hoch ist. Heute heißt er Bürgerturm und gehört zu Ribes größten Touristenattraktionen. Jährlich erklimmen Tausende Menschen die 248 Stufen bis nach oben zur Aussichtsplattform. Neben dem Bürgerturm hat der Dom noch den Marienturm.

Beim Eingang des Doms steht die Statue von Hans Tausen, eine der Hauptfiguren der dänischen Reformation und von 1541 bis 1561 Bischof der Stadt. Drinnen hängt eine Gedenktafel mit einer Schilderung von Tausens Leben, verfasst von seinem Schwiegersohn. Dieses wichtige Dokument hängt seit 1591 in der Kirche. Doch die Hauptattraktion sind wohl die viel diskutierten Ausschmückungen des Altars von Carl-Henning Pedersen.

Vor dem Dom stehen drei Statuen, unter anderem Hein Heinsens Statue des Missionars Ansgar, bei der der Kopf am gröbsten und die Füße am feinsten gestaltet sind – ein Hinweis auf die Erzählung von Jesu Fußwaschung.

Adresse Torvet, 6760 Ribe, www.ribe-domkirke.dk | Öffnungszeiten wechselnd, So und feiertags für Touristen ab 12 Uhr geöffnet, mehr Infos auf der Homepage, Eintritt frei, Eintritt für den Turm: Erwachsene 20 Kronen, Kinder 10 Kronen | Tipp Die Kirchenglocken spielen um acht und um 18 Uhr das Kirchenlied »Den yndigste rose« und um zwölf und 15 Uhr das Volkslied »Dronning Dagmar ligger udi Ribe syg«.

66 Det Gamle Rådhus

Das älteste Rathaus Dänemarks

Verliebte Paare von nah und fern kommen hierher, um sich im alten Rathaus von Ribe trauen zu lassen. Die Trauungen finden auf Dänisch, Deutsch oder Englisch statt, und es ist immer Zeit fürs Fotografieren beim Ringetauschen und für individuelle Wünsche. Jede Trauung geschieht unter den Augen von Königin Sophie Magdalene, die auf einem Gemälde an der Wand zu sehen ist.

Das alte Rathaus von Ribe wurde vor 1496 erbaut und ist damit das älteste Rathaus Dänemarks. Es wurde 1496 zum ersten Mal erwähnt, als Karin Madsdatter und ihre Geschwister es weiterverkauften, nachdem sie es von ihrem Vater Mads Pedersen Skriver geerbt hatten, dem ersten bekannten Besitzer. Das Haus, das ursprünglich aus zwei Häusern bestand, wurde 1708 von der Stadt Ribe gekauft und seitdem als Rathaus genutzt. Bis ins Jahr 2007 wurden in diesem tollen Gebäude, einem der letzten mittelalterlichen Gebäude Ribes, noch Rathaussitzungen abgehalten.

Det Gamle Rådhus hat zwei Etagen. Das Erdgeschoss besteht aus der Rathaussammlung, dem Bürgersaal und dem alten Gerichtssaal. Die obere Etage besteht aus dem Stadtratssaal, dem Kaffeezimmer und einem Gruppenraum. Die Rathaussammlung befindet sich in einem Raum, der früher einmal das Schuldnergefängnis für die »angeseheneren« Straftäter war, während das normale Gefängnis im Keller lag. Die Rathaussammlung ist Teil des Stadtarchivs und bewahrt zum Beispiel Gegenstände aus dem Mittelalter, darunter ein Richtschwert, Daumenschrauben und Ratsherrnkrüge. All dies gibt Ihnen einen Einblick in die Historie der Stadt, die Stadtverwaltung und das bürgerliche Leben. Im alten Bürgersaal und in den Gängen hängen Porträts der Amtsratsmänner vom 17. Jahrhundert bis heute.

Ribe ist bekannt als die »Stadt der Störche«. Seit 1978 haben sich hier regelmäßig Storche niedergelassen. Es ist zwar selten, dass es in Ribe Storchenjunge gibt, aber wenn, dann ist es jedes Mal ein großes Ereignis.

Adresse Von Støckens Plads 1, 6760 Ribe | Öffnungszeiten das ganze Jahr über Mi 11–15.30 Uhr, 1. Juni–31. Aug. Mo–So 13–15.30 Uhr, 15. Mai–31. Mai und 1. Sept.–15. Sept. Mo–Fr 13–15.30 Uhr, Eintritt Erwachsene 20 Kronen, Kinder unter 18 Jahren gratis | Tipp Besuchen Sie auch die Rådhus Conditoriet in der Hundegade 2 – Konditorei, Café und Bed & Breakfast in einem.

67 Der Mandøbus

Die Gezeiten bestimmen die Fahrzeiten des Busses

2014 wurde der dänische Teil des Wattenmeeres wegen seines einzigartigen Werts für die Menschheit in die UNESCO-Welterbeliste aufgenommen. Dies führte dazu, dass die 38 Menschen, die auf der Wattenmeer-Insel Mandø wohnen (mitten im Wattenmeer, zwischen den Inseln Fanø und Rømø), jährlich von 150.000 Touristen besucht werden. Die Touristen sind ganz wild darauf, das Wattenmeer in Watthosen zu besuchen. Die Kombination aus Salzwasser, Wind und Sandbänken mit frischen Austern begeistert viele Touristen. Dasselbe gilt auch für das Transportmittel, das die Touristen vom Festland nach Mandø bringt.

Bei Mandøbus handelt es sich nicht nur um einen Bus, sondern um einen kleinen Fuhrpark mit lustigen blauen und roten Traktorbussen, welche die Touristen zur Insel und wieder zurück verfrachten. Möchten Sie nicht selber mit dem Mandøbus fahren, dann gönnen Sie es sich dennoch einmal, zu sehen, wie der rappelvolle Bus mit winkenden Touristen, wovon die Hälfte oben auf dem offenen Deck steht, losfährt.

Die kleine Firma »Mandø Event« veranstaltet verschiedene Touren auf Mandø. Wählen Sie die Austern- und Champagnertour, erwartet Sie eine sechs Kilometer lange Tour mit Kurs aufs Wattenmeer in einer Pferdekutsche, wo Sie dann in Watthosen selber Austern sammeln können. Eine andere spannende Tour ist die Robbensafari, bei der Sie fünf Kilometer auf den Sand rausfahren, weg von Mandø, um die Hunderte von Robben zu sehen. Da Robben sehr neugierige Tiere sind, kann man ihnen dabei richtig nahe kommen. Während der Tour erzählt der Guide von Mandø Event über die Insel, die Deiche, Sturmfluten, Robben und das Tierleben im Allgemeinen. Man kann Krabben fangen, Sandwürmer suchen und Herzmuscheln finden.

Sowohl die Fahrzeiten des Mandøbusses wie auch die Veranstaltungen von Mandø Event sind abhängig von Wind, Wetter und vor allem den Gehzeiten.

Adresse Okholmvej 5, Vester Vedsted, 6760 Ribe, www.mandoebussen.dk und mandoevent.dk | **Tipp** Nahe der Haltestelle des Mandøbusses auf Mandø liegt das Hotel Klithus Mandø mit Café und Restaurant.

68 Die Sturmflutsäule

Eine Erinnerung an die Stärke der See

Ribe war schon immer abhängig vom Meer auf der anderen Seite der Stadt, doch war das Meer auch ein gefürchteter Nachbar – und das zu Recht. In den alten Tagen gab es keine Deiche bei Ribe, die die Stadt beschützen konnten, wenn gewaltige Stürme übers Land fegten. Dies führte durch Sturmfluten zu vielen Katastrophen. Einige der schlimmsten Sturmfluten in Ribe sind auf der Sturmflutsäule markiert.

Die Jahreszahlen 1634, 1825, 1911, 1909 und 1904 (von oben nach unten) sind mit Bronzeringen hervorgehoben. Der oberste Ring zeigt an, dass das Wasser fast sechs Meter über dem Normalpegel lag, als in der Nacht vom 11. auf den 12. Oktober 1634 der Sturm zu einer grausamen Katastrophe führte. Keiner konnte mehr flüchten, und man schätzt, dass 10.000 Menschen und Tausende von Nutztieren starben. Ribe wurde komplett überschwemmt. Kurz vor Mitternacht brach das Wasser durch die Nordtür des Doms zu Ribe. Das Wasser stand 1,70 Meter über dem Boden, was später in der Kanzel markiert wurde. Die Markierung kann man heute noch sehen. Soweit man weiß, war die Sturmflut von 1634 die einzige, die es in den Dom schaffte. Laut einem Königsbrief mussten viele Bürger drei Jahre lang keine Steuern zahlen, damit sie wieder auf die Beine kommen konnten.

1912 wurde der Ribe-Deich gebaut, aber die Sturmfluten blieben eine wiederkehrende Bedrohung, mit der die Einwohner rechnen mussten. Wenn die Kinder der Stadt eingeschult wurden, bekamen sie Infomaterial ausgehändigt, wie die Schule und ihre Eltern sich bei einer Evakuierung wegen einer Sturmflutwarnung verhalten sollten.

Die schöne Sturmflutsäule, die um 1920 aufgestellt wurde, hat also einen ernsten Hintergrund. Der hohe Eichenpfahl mit der vergoldeten Spitze und den Bronzeringen zieht viele Touristen an. Vielen fällt auch auf, dass die Säule von den Pollern der Gondeln in Venedig inspiriert wurde.

Adresse Skibbroen 13, 6760 Ribe | **Tipp** Kanufahrten auf den dänischen Wasserläufen erfreuen sich großer Beliebtheit. Auf der Ribe Å darf im unteren Abschnitt außerdem das ganze Jahr über gesegelt werden. Man kann bei der Stavnager Brücke anfangen, von dort sind es zehn Kilometer bis nach Ribe.

69_Das Haus der Keramik

Farbenfrohe Keramik drinnen wie draußen

Die Westküste bietet mehr als nur Sand, Dünen und Meer. Sie finden hier auch viele Orte, an denen kreative Künstler arbeiten, die nicht viel Aufsehen durch Marketing oder übermäßige Ausschilderung erregen. Kommen Sie an so einem Juwel vorbei, müssen Sie es einfach besuchen. Das Haus der Keramik in Ringkøbing ist so ein Juwel.

Es ist eine Kombination aus Töpferwerkstatt, Galerie und Shop in einem und wird von Ellen Willer Donatien betrieben, die seit 50 Jahren Töpferin ist und die farbenfrohe Keramik töpfert, die im Haus der Keramik ausgestellt ist und verkauft wird. Sie hat neun persönliche Geschirrsets kreiert sowie eine große Auswahl an Keramiktieren, Vogeltränken, Märchenfiguren und Kindergeschirr. Laut eigener Aussage ist sie stets im Haus der Keramik zu finden. In der offenen Werkstatt kann man sie bei der Arbeit erleben – an der Drehscheibe geht es ungeheuer schnell zu, sodass man die Augen offen halten und gut aufpassen muss.

Es ist ein schönes Erlebnis, in der Werkstatt und im Laden umherzugehen und sich die hübsche Keramik anzusehen. Sie können hier aber auch Textilien, exotische Kunst und Skulpturen aus aller Welt kaufen. In der Galerie finden Sie farbenfrohe Kunst aus Haiti, wo Ellen Willer Donatien und ihr Mann Familie haben.

Alle Waren sind von Ellen persönlich hergestellt oder ausgewählt worden, und ihr Sinn fürs Schräge und Farbenfrohe macht das Haus zu einem wahren Paradies für jeden, der auf der Suche ist nach angewandter Kunst, Geschenken oder Souvenirs. Es kommen sogar treue Kunden aus Skagen, Kopenhagen und Deutschland vorbei, wenn sie an der Westküste unterwegs sind, um zu sehen, was es Neues gibt.

Der umliegende Garten ist lustig und phantasievoll gestaltet mit Keramikfiguren auf Holzstämmen, Bänken, den Fliesen und auf der Erde. Hier bekommen Sie Ideen, wie Sie ihren eigenen Garten schmücken können.

Adresse Ndr. Ringvej 14, 6950 Ringkøbing | **Öffnungszeiten** das ganze Jahr über täglich 10–17 Uhr | **Tipp** Der Laden Ninon (Brotorvet 4, 7500 Holstebro) verkauft die charakteristische Willer Keramik. Er hat wochentags von 10–17 Uhr und samstags von 10–14 Uhr geöffnet.

70 Das Hotel Ringkøbing

Eines der ältesten Hotels des Landes

Es ist einleuchtend, dass Ringkøbing als »Kleine Hauptstadt Westjütlands« vermarktet wird. Denn die idyllisch aussehende Kleinstadt aus dem 15. Jahrhundert hat viel zu bieten mit ihren hübschen alten Stadthäusern, den romantischen Pflasterstraßen und den herrlichen Kaufmannshöfen, die von einer längst vergangenen Zeit erzählen. Neben der Kirche liegt das Hotel Ringkøbing, das um 1600 erbaut wurde und das älteste Gebäude der Stadt ist. Da es seit 1833 ein Gasthof und Hotel ist, ist es gleichzeitig eines der ältesten Hotels Dänemarks.

Im Hotel Ringkøbing finden Sie das Restaurant »The Watchman's Pub« mit phantastischem Essen. Die Stimmung hier ist gemütlich und einladend, und die Einrichtung betont die lange Geschichte des Hotels. Besonders das ältere Publikum ist von der Möblierung und dem Service auf hohem Niveau sehr angetan.

Das Hotel liegt mitten auf dem Platz Ringkøbing Torv, wo Sie auch andere historische Gebäude finden, wie zum Beispiel den Nachbarn des Hotels, den alten Bürgermeisterhof aus dem Jahre 1817. Der Hof wurde vom Kaufmann J. C. Juulsgaard gebaut und war viele Jahre der größte Kaufmannshof der Stadt. Den Namen Bürgermeisterhof bekam er, weil hier viele Stadträte und Bürgermeister ihren Wohnsitz hatten.

Auf dem Marktplatz links vom Hotel steht das Alte Rathaus von 1849, es ist das vierte Rathaus, das an dieser Stelle gebaut wurde. Bis 1918 gab es noch Gefängniszellen im Keller und einen kleinen Hof nach hinten raus. Das Alte Rathaus wird auch Amtsrathaus genannt, da Spaßvögel dies 1981 auf ein Schild schrieben, nachdem der Rat aus dem Gebäude in ein neues Rathaus am Fjord umzog. Unabhängig vom Spitznamen ragt das Alte Rathaus an der Nordseite des Platzes als dominantes Gebäude auf. Dem Hotel Ringkøbing kann es dennoch nicht den Rang ablaufen. Im Sommer wird der Platz vorm Hotel oft für Musikveranstaltungen genutzt.

Adresse Torvet 18, 6950 Ringkøbing, www.hotelringkobing.dk | Öffnungszeiten das ganze Jahr über | Tipp Das Hotel Ringkøbing bewirtet seine Gäste im Sommer auch draußen, wo Sie mitten auf dem Marktplatz sitzen und auf alle beschriebenen Gebäude schauen können.

71 Laubjergs Rosengarten

Ein Muss für jeden Rosen-Liebhaber

Es mag überraschen, dass es im rauen und stürmischen Westjütland eine Oase mit wohlduftenden Rosen gibt, aber so ist es. Seit 1996 finden Sie in Laubjergs Rosengarten mehr als 5.000 Rosen von dänischen und ausländischen Züchtern. Die Rosensorten sind sorgfältig ausgesucht nach Kultivierungswert, Blütezeit, Farbe und Duft, und sie schmücken wundervoll die vielen Räume des Gartens.

Der Rosengarten beginnt mit der No-Mauer, deren Material vom Nachbarhaus stammt, welches abgerissen wurde. Die behauenen Granitsteine im Sockel gehörten laut Fachleuten einst zu der alten No-Kirche aus dem 13. Jahrhundert. An der Mauer wachsen verschiedene Rosensorten hoch, unter anderem Penny Lane und Westerland.

Es gibt im Rosengarten auch Geschichtsgärten mit Geschichten oder Sagen über Rosen. Die Erzählungen sind auf Schildern neben den jeweiligen Rosen zu lesen. Hier können Sie die Mumienkranzrose, die älteste Rose der Welt, erleben. Sie stammt aus dem alten Ägypten. Der englische Archäologe Sir William Flinders machte den ersten Fund einer Mumienkranzrose bei einer Ausgrabung in der altägyptischen Nekropole Hawara, wo er einen Kranz dieser Rosensorte in einer Schachtel fand. Im Rosengarten wächst die Mumienkranzrose um die vielen Skulpturen herum, die im Garten platziert sind.

Im Rosengarten werden auch neue Rosensorten gezüchtet, und es gibt einen Teich mit Seerosen und Fischen. Am Teich wachsen Rosen, Frauenmantel, Büsche und Wasserpflanzen. An der einen Seite des Teichs können Sie einem romantischen Pfad folgen, der halb von Kletterrosen überwachsen ist. Viele Besucher kehren Jahr für Jahr hierher zurück, um die blumige Entwicklung des Gartens verfolgen zu können. Sie kennen alle Orte im Garten, an denen es Bänke und Stühle gibt, und verlängern ihre Reise durch den Garten mit Ruhepausen.

Adresse Borkvej 18, 6950 Ringkøbing, www.laubjergs-havecenter.dk/rosenhaven | Öffnungszeiten Mo–Fr 9–17 Uhr, am Wochenende und an Feiertagen 9–16 Uhr, Eintritt 40 Kronen, Kinder unter 16 Jahren gratis | Tipp Laubjergs Baumschule neben dem Rosengarten hat einen gesprächigen blau-gelben Papagei mit dem Namen Alfi, der gerne die Gäste begrüßt.

72 Die Mylius-Erichsen-Statue

Ein Tribut an einen der Söhne Ringkøbings

Viele Touristen, die Ringkøbing besuchen, kommen am Ringkøbing Museum vorbei. Das Museum liegt seit 1908 in einem charakteristischen alten Ärztehaus. 2007 wurde das ehemalige Gerichtsamt, entworfen vom Architekten Ulrik Plesner, dem Museum angegliedert. Das Ringkøbing Museum zeigt eine Dauerausstellung über den einheimischen Autor und Polarforscher Ludvig Mylius-Erichsen (1872–1907). Darüber hinaus gibt es vor dem Museum auf dem kleinen Platz Østerport eine auffällige Statue von Mylius-Erichsen. Wenden Sie dem Museumseingang den Rücken zu, dann können Sie die Statue sehen.

Mylius-Erichsen war ein abenteuerlustiger junger Mann. Als er auf einer Tour durch Island, die von Studentenorganisationen veranstaltet wurde, als Leiter einer dänischen Gruppe fungierte, traf er auf Knud Rasmussen, der ihm von seiner Liebe zu Grönland erzählte. Aus Island zurückgekehrt, vereinbarten Mylius-Erichsen und Rasmussen, gemeinsam nach Grönland zu reisen, um das Land zu kartieren. Von 1902 bis 1904 bereisten sie die Westküste Grönlands und nannten die Expedition »Die literarische Grönlandexpedition«.

1906 startete die Danmarksexpedition nach Nordost-Grönland, mit Mylius-Erichsen als Leiter und Niels Peter Høeg Hagen und Jørgen Brønlund als weiteren Teilnehmern. Sie wurden in Gröndland vom Frühling überrascht und schafften es nicht zurück zur Station, sondern erfroren in der Kälte. Nur die Leiche von Jørgen Brønlund wurde gefunden, die anderen beiden blieben verschwunden.

Bei Brønlunds Leiche wurde ein Tagebuch gefunden, in dem der Verlauf der Expedition beschrieben wird und in dem stand, dass er seine zwei Reisekameraden überlebt habe, man schätzt jedoch, nur um wenige Tage. Die Statue wurde 1916 vom einheimischen Bildhauer Chresten Skikkild geschaffen. Sie wurde im selben Jahr aufgestellt und hatte damit vor Kurzem ihr 100-jähriges Jubiläum.

Adresse Østerport zwischen Herningvej und Vellingvej (Ringkøbing Museum: Herningvej 4, 6950 Ringkøbing) | Tipp Ein anderer bekannter Sohn Ringkøbings war J. C. Christensen, der von 1905 bis 1908 Konseilspräsident (Ministerpräsident) war. Eine Statute von ihm steht in der Nygade.

73 Die roten Häuser

Mondscheinkneipe und architektonische Juwelen

Ringkøbings hübscher Stadtkern ist von auffälligen roten Häusern geprägt. Viele von ihnen stammen von dem Architekten Ulrik Plesner, der von 1861 bis 1933 lebte und eine enge Verbindung zur Stadt hatte. Plesner führte mit den roten Bausteinen, den weißen Gesimsen und den Walmdachgiebeln die alten westjütischen Bautraditionen fort. Plesners Baustil prägt Ringkøbing, Skagen und Kopenhagen.

1913 ließ die »Omegns Spare- und Laanekasse«, die Sparkasse, das Plesnerhaus in der Østergade 9 in Ringkøbing erbauen. Das Gebäude ragt zwischen den schmalen und niedrigen Häusern der Gasse empor, ohne jedoch das Straßenbild zu stören. Es handelt sich zwar um ein massives Gebäude, es wurde aber so gestaltet, dass es die Straße nicht zu sehr dominiert. 2005 erhielt das Gebäude den Bewahrungspreis. Heute ist es ein Gewerbegebäude. Plesnerhäuser findet man unter anderem in der Algade, im Kongevejen, im Skolevænget und am Hafenplatz, und alle sind sie einen Besuch wert.

Die Grønnegade in Ringkøbing ist eine besonders reizende Straße, vor allem im Sommer sollte man hier entlangspazieren, da sie dann idyllisch mit Stockrosen verziert ist. Die Grønnegade beginnt oben am Marktplatz als schmale Gasse, die sich dann Richtung Hafen und Fjord immer mehr verbreitert. Das rot gekalkte Haus Nummer 18 war einmal eine Mondscheinkneipe und trug den Spitznamen »Kleines Himmelreich«. Das Haus stammt aus dem Jahr 1800 und wurde 2011 für den Bewahrungspreis des »Ringkøbing Bewahrungsverein« nominiert.

Am Beginn der Grønnegade finden Sie auch eine gemauerte Laube vom Ende des 19. Jahrhunderts, ein sehr hübsches Ringkøbing-Motiv. Sowohl die Mauer als auch die Laube stammen aus dem Garten eines wohlhabenden Hofs der Algade, dessen Fassade seit 1797 unverändert ist. Der Garten war im Übrigen ein inoffizielles Erholungsgelände mit dem Namen »Marens Maw«.

Adresse Grønnegade, 6950 Ringkøbing, und Plesnerhaus, Østergade 9, 6950 Ringkøbing | Tipp Am Havnepladsen 2 liegt das frühere Hafenkontor und Packhaus, das 1906 ebenfalls von Plesner entworfen wurde und seit 2004 denkmalgeschützt sind. In der Nähe gibt es viele rote Fischerhäuser, für die Ringkøbing ebenfalls bekannt ist.

74 Survival of the Fattest

Skulptur mit starker Botschaft

»Armer Kerl!«, ruft ein deutscher Tourist, als er bei einem Spaziergang mit seiner Familie die Skulptur »Survival of the Fattest« von Jens Galschiøt erblickt, die am Hafenplatz in Ringkøbing platziert ist. Die Reaktion ist verständlich, da die dreieinhalb Meter hohe Skulptur eine Karikatur ist und eine riesige westlich aussehende Frau darstellt, die auf dem Rücken eines ausgehungerten afrikanischen Mannes sitzt. Die Frau hält eine Waage, um zu verdeutlichen, dass mit der globalen Verteilung offensichtlich etwas schiefläuft: Den Mann bedroht nicht nur der eigene Hunger, sondern auch die physische Fülle der Frau. Die Frau hat die Augen geschlossen und sagt laut der Inschrift: »Ich sitze auf dem Rücken eines Mannes. Er ist im Begriff, meiner Last zu erliegen. Ich tue alles, um ihm zu helfen. Außer von seinem Rücken zu steigen.« Die Intention des Künstlers war, mit der Skulptur einen Dialog über die ungerechte Verteilung der Ressourcen der Welt in Gang zu setzen.

»Survival of the Fattest« wurde 2006 in Ringkøbing aufgestellt, nachdem die Einwohner und Unternehmen der Stadt sie für 500.000 Kronen gekauft hatten. Die Stadt verliebte sich in die Skulptur, als sie beim Jubiläum des Kunstvereins zusammen mit anderen Galschiøt-Werken ausgestellt wurde. Das raue Wetter von Ringkøbing führte inzwischen dazu, dass die Skulptur 2006 ausgebessert werden musste, doch im Sommer 2007 wurde sie wieder aufgestellt.

Die ausdrucksvolle Skulptur wird im Volksmund »Die fette Dame« genannt und erregt bei den Passanten sowohl Jubel als auch Aufsehen. Nicht nur die Touristen, sondern auch Einheimische jeden Alters reden über die Botschaft der Skulptur und ihre Reise nach Ringkøbing. »Survival of the Fattest« ist eine der beliebtesten Skulpturen Westjütlands und regt die Gedanken der Vorbeigehenden an, was ein großes Lob an den Künstler Jens Galschiøt ist.

Adresse Havnepladsen, 6950 Ringkøbing | Tipp Das Café Kræs, Ved Fjorden 2B, liegt nur wenige hundert Meter entfernt. Neben Kaffee mit Ausblick über den Ringkøbing Fjord gibt es auch einen Laden mit Schokolade, Kaffee und Alkohol.

75 Der Kommandeurhof

Walfänger-Heim aus dem 18. Jahrhundert

Auf Rømø liegt der »Kommandørgård«, der ein Teil des dänischen Nationalmuseums ist. Der Hof wurde 1748 erbaut, und sowohl sein Äußeres als auch sein Inneres zeigen den Wohlstand, zu dem es ein Kommandeur, ein Kapitän auf einem Schiff, mit seiner Arbeit im 18. und 19. Jahrhundert bringen konnte.

Im Laufe des 18. und 19. Jahrhunderts gab es um die 50 Mann auf Rømø , die als Kapitäne auf holländischen und deutschen Schiffen segelten. Sie gingen bei Grönland auf Walfang.

Die Familie des Kommandeurhofes war im 18. Jahrhundert wohlhabend, die Männer der Familie waren Kapitäne, Matrosen und Steuermänner. Auch war es sehr einträglich, an Römös Küste zu fischen, doch im Laufe des 19. Jahrhunderts kamen schwierigere Zeiten, da die Landwirtschaft an Bedeutung gewann. Anfang 1900 waren nur noch ein Dienstmädchen und ein Stallbursche angestellt, nach 1940 musste die Familie ohne Personal auskommen.

Die zwölf Generationen, die hier gelebt haben, haben den Hof sehr geprägt, und als das Nationalmuseum den Hof 1951 von den letzten Besitzern, Holger Vestergård und Rigmor Petersen, übernahm, wurde eine größere Renovierung vorgenommen, bevor der Hof noch im selben Jahr als Museum seine Pforten öffnete. Im Laufe der zwölf Generationen wurde der Hof ganze sieben Mal an eine Frau vererbt.

Als Besucher bekommen Sie einen tollen Einblick in die Räume, in Küchen, Stuben, Kammern, Stall und Scheune. Das Wohnzimmer ist mit Fliesen und Paneelen verziert, hier hat sich die Familie täglich aufgehalten und nachts in den Alkoven hinter den bemalten Türen geschlafen. Die Decke ist mit Motiven der vier Jahreszeiten verziert, Sie finden aber auch viele biblische Motive wie Moses in seinem Körbchen auf dem Nil.

Das Heimatmuseum Rømø hat in Zusammenarbeit mit dem Nationalmuseum bereits mehrere Sonderausstellungen unter anderem über die Kultur von Rømø oder das Wattenmeer konzipiert.

Adresse Juvrevej 60, 6792 Rømø, www.natmus.dk/museerne/kommandoergaarden | **Öffnungszeiten** Ostern täglich 10–15 Uhr, 1. Mai–30. Sept. Di–So 10–17 Uhr. 1. Okt.–23. Okt. Di–So 10–15 Uhr, Eintritt Erwachsene 50 Kronen, Kinder unter 18 Jahren gratis | **Tipp** Genießen Sie die Aussicht über das Wattenmeer im Kommandørgård Café.

76 Der Spiel- und Labyrinthpark

Überdimensionale Spiele und Labyrinthe

Der »Rømø Lege- og Labyrintpark« von 2009 ist beliebt bei Familien, bei Kindsköpfen und für Teambuilding-Maßnahmen. Am auffälligsten sind die verschiedenen Labyrinthe. Das Ameisenhaufen-Labyrinth ist für die ganz Kleinen, denn es hat einen Turm in der Mitte, von dem aus sie dann den Eltern zuwinken können. Alle Kinder, die das Labyrinth absolviert haben, bekommen ein Diplom. In zwei anderen Labyrinthen, die genau gleich aufgebaut sind, können Sie um die Wette laufen. Dann gibt es noch das große Labyrinth, das mit seinen fünf Türmen einer Burg aus dem Mittelalter gleicht.

Im Spielpark kann man außerdem »Krolf« spielen, eine Tarzan-Bahn absolvieren, Outdoor-Spiele spielen und im Spinnenspielplatz auf Entdeckungsreise gehen. Für die etwas älteren Gäste gibt es ein großes Schachspiel mit überdimensionierten Spielfiguren.

Der Spiel- und Labyrinthpark ist eine gute Möglichkeit, Zeit mit der Familie zu verbringen, während man gleichzeitig körperlich und geistig gefordert wird durch die verschiedenen Spiele und Labyrinthe. Sie müssen nicht die ganze Zeit aktiv sein, denn der Park hat auch eine gemütliche Holzhütte, in der Kuchen und warme und kalte Getränke serviert werden.

Wenn Sie oder ein anderes Familienmitglied Aktivitäten mit dem Smartphone vorziehen, können Sie die kostenlose App WOOP herunterladen, die Sie durch den Labyrinthpark führt und bei der Sie zehn Fragen über Rømø beantworten müssen. Befinden Sie sich etwa zehn Meter vor den Posten, tauchen die Fragen auf dem Handy auf. Antworten Sie richtig, erfahren Sie die Position des nächsten Postens und können weitergehen. Antworten Sie falsch, bekommen Sie eine Strafe von 15 Sekunden, bis Sie es noch einmal versuchen dürfen. Der Parcours fängt auf der Terrasse an, die ganze Tour ist ungefähr einen Kilometer lang.

Adresse Engvej 5, 6792 Rømø, www.romolab.dk | **Öffnungszeiten** Ende März–Anfang Nov., Juli–Aug. 10–17 Uhr, in den übrigen Monaten 10–16 Uhr; weitere Infos auf der Homepage, Eintritt 70 Kronen in der Hochsaison, 60 Kronen in der Nebensaison | **Tipp** Sind Sie von den Spielen hungrig geworden, finden Sie nur 500 Meter entfernt Rømøs Pandekagehus in der Vestergade 6.

77 Die Bundsbæk Mühle

Eine tolle Wassermühle in naturschöner Umgebung

Draußen können Sie hören, wie das Wasser über das Mühlenrad plätschert, und oben auf dem Dachboden können Sie erleben, wie Mehl für das nahe gelegene Futtermittelgeschäft gemahlen wird. Die Bundsbæk Mühle von 1843 ist eine der besterhaltenen Mühlen Westjütlands und immer noch in Betrieb. Sie wird von einem ehrenamtlichen Mühlen-Verein betrieben, und dessen Wissen über Mühlen ist riesig. Ist die Mühle geöffnet, können Sie im gemütlichen Mühlenzimmer Platz nehmen, und die Müllerin serviert Ihnen Kaffee und Kuchen.

Die Bundsbæk Mühle wurde 1640 vom Gutsherrn Henrik Lauge erbaut, und im 18. Jahrhundert kamen viele hierher, um ihr Mehl zu mahlen. Anfang des 19. Jahrhunderts wurde hier auch die Armenhilfe ausgeteilt. Fast ein halbes Jahrhundert später – Anfang der 1840er – brannte die Mühle nieder und wurde 1843 wieder aufgebaut. Während des Ersten Weltkriegs baute man in der Mühle einen Knochenbrecher und verkaufte Knochenmehl an die Bauern, um die Heide zu kultivieren. Während des Zweiten Weltkriegs wurde in der Mühle ein Dynamo installiert, um Strom zu produzieren.

Die Bundsbæk Mühle liegt mitten im Bundsbæk Naturpark, einem Naturschutzgebiet. Hinter der Mühle und dem Park können Sie einem breiten Pfad folgen, der Sie durch eine Gegend führt, in der fünf verschiedene Orchideenarten wachsen. Die beste Zeit, um die Orchideen zu erleben, sind die Monate Mai und Juni. Sie stehen unter Schutz und werden jedes Jahr mit einer Zählung überwacht, da leider viele gepflückt oder sogar ausgegraben werden. In der Bjørnemosen hat der berühmte Land-Art-Künstler Alfio Bonanno das Kunstwerk »Die vier Inseln« erschaffen, welches nur aus natürlichen Materialien besteht.

Im Laufe des Jahres finden in der Bundsbæk Mühle verschiedene Veranstaltungen statt. Im Sommer gibt es eine Tierschau mit Mittsommerfest und im Dezember einen Weihnachtsmarkt.

Adresse Bundsbækvej 27, 6900 Skjern, www.levendehistorie.dk/Forside-17 | **Öffnungszeiten** wechselnd, April–Dez., mehr auf der Homepage, Eintritt Erwachsene 50–75 Kronen (je nach Jahreszeit), Kinder unter 18 Jahren in Begleitung eines Erwachsenen frei | **Tipp** Möchten Sie Alfio Bonannos Kunstwerke sehen, können Sie bei der Mühle parken und den kleinen Schildern mit der Aufschrift »Land Art« folgen. Der Spaziergang dauert 25 Minuten.

78 Danmarks Flymuseum

Ein »fliegendes« Museum mit hohem Standard

In Danmarks Flymuseum (Flugzeugmuseum) treffen Sie schon auf dem Rasen vor dem Museum auf eines der spektakulärsten Flugzeuge. Drinnen können Sie eine 7.600 Quadratmeter große Ausstellung erleben mit 58 dänischen und ausländischen Luftfahrzeugen aus der Zeit zwischen 1911 und 2000. Hier gibt es alles von Oldtimern über Schwebeflugzeuge bis hin zu Kampfjets und Hubschraubern. Die Ausstellung des Museums umfasst über 70 Luftfahrzeuge, von denen einige im Lager sind oder restauriert werden.

Das Museum wird auch das »fliegende« Museum genannt, da viele der Flugzeuge flugtüchtig sind und bei verschiedenen Gelegenheiten, wie zum Beispiel den Fliegertagen in Roskilde, der KZ-Rally Stauning und dem Ringkøbing Lauf, vorgeführt werden.

2006 weihte Prinz Joachim das neueste Gebäude ein, welches Platz für noch größere Flugzeuge bietet. Die neue Ausstellungshalle beherbergt auch das Luftwaffenmuseum, welches sich auf die dänischen Luftabwehr- und Militärflugzeuge konzentriert, vom ersten Militärflugzeug von 1911 bis hin zum heutigen F-16-Kampfjet.

Im Museum gibt es zahlreiche Stationen, die das Interesse wecken. Vielleicht bleiben Sie unter einem Schwebeflugzeug stehen, das neben einem Kampfjet von der Decke hängt, oder Sie stecken den Kopf in einen ENSTROM-F-28A-Hubschrauber, entworfen und konstruiert von Rudy Enstrom. Das erste Modell F-28A ist von 1968 und war die Grundlage für alle nachfolgenden Hubschrauber.

Das Museum hat mehrere Themen-Ausstellungen, darunter eine Dauerausstellung über abgestürzte Flugzeuge der Alliierten im Zweiten Weltkrieg in der Gegend um den Ringkøbing Fjord. Außerdem besitzt das Museum eine große Anzahl von flughistorischen Gegenständen wie Flugmodellen, Motoren und Propellern. Die vielen unersetzlichen Schätze werden für die Nachwelt erhalten, sodass sowohl Einheimische als auch Touristen einen Einblick in die Geschichte der dänischen Luftfahrt und Flugzeugproduktion erhalten.

Adresse Lufthavnsvej 1, 6900 Skjern, www.flymuseum.dk | **Öffnungszeiten** 15. März–31. Okt. täglich 10–15 Uhr (im Sommer 10–17 Uhr), Eintritt Erwachsene 70 Kronen, Kinder von 7–14 Jahren 30 Kronen, Kinder unter 7 Jahren gratis | **Tipp** Im Sommer werden Flugabende veranstaltet. Termine finden Sie auf der Homepage.

79 Die Statue von Holger Danske

Der dänische Sagenheld mit neuer Adresse

Die Einheimischen sehen ihn gar nicht richtig, wenn sie an ihm vorbeieilen. Aber sie wissen trotzdem, dass er da steht, denn als die Statue von Holger Danske 2013 nach Skjern kam, nach einem 100 Jahre langen Aufenthalt in Helsingør, war dies ein aufsehenerregendes Ereignis, über das auch die Medien berichteten. Holger Danske war ein dänischer Königssohn, der laut Sage im 9. Jahrhundert von Karl dem Großen als Geisel genommen wurde. Die Sage erzählt auch, dass Holger Danske aufwachen wird, um sein Vaterland zu verteidigen, wenn Dänemark in Not gerät. Diese Erzählung spielte eine große Rolle im dänischen Nationalbewusstsein. So gab es unter der deutschen Besatzung eine Widerstandsgruppe, die sich nach Holger Danske benannte. 1907 bestellte das Hotel Marienlyst in Helsingør eine Bronzestatue von ihm. Geschaffen wurde sie vom Bildhauer H. P. Pedersen-Dan, der zunächst eine Gipsfigur anfertigte. Diese Gipsfigur wurde in den Kasematten unter Schloss Kronborg in Helsingør platziert und wurde schrägerweise berühmter als die richtige Statue. Die Gipsfigur ging 1985 durch Feuchtigkeit kaputt und wurde deshalb durch eine neue Figur aus Beton ersetzt, die sich immer noch in Kronborg befindet.

2013 stellte das Hotel Marienlyst die originale Bronzestatue auf der Auktionsseite Lauritz.com zum Verkauf, doch überraschenderweise musste die Auktion annulliert werden, da ein Radiosprecher vom Programm Monte Carlo auf P3 in einer Livesendung auf die Statue bot und viele der Hörer seinem Beispiel folgten. Die Gebote gingen bis über 40 Millionen Kronen. Daher wurde die Auktion nur noch über Telefon gehalten, sodass alle Gebote überprüft werden konnten.

Die Statue wurde letzten Endes an einen Geschäftsmann aus Skjern verkauft, der 3,2 Millionen für die Statue geboten hatte. Damit siedelte Holger Danske nach Skjern um, wo der frühere Marktplatz Mølletorv jetzt Holger Danskes Plads heißt.

Adresse Holger Danskes Plads (in Skjern Stadtmitte), 6900 Skjern | Tipp Wenn Sie in Skjern sind, dann ist die Au Skjern Å ein tolles Ausflugsziel, auch zum Angeln. In der Au findet man angeblich Dänemarks bestes Lachsgewässer.

80 Stauning Whisky

Erleben Sie jeden Schritt der Whiskyproduktion

Der frische Westwind ist eine wichtige Zutat für die Produktion des Whiskys, der bei Stauning Whisky in Skjern hergestellt wird.

Viele schüttelten damals den Kopf, als neun neugierige Freunde 2005 versuchten, einen dänischen Single-Malt-Whisky zu brennen. Aus dem Kopfschütteln wurde aber schnell Anerkennung, denn das Ergebnis war so überzeugend, dass die Whiskyherstellung in Produktion ging. 2007 kauften die Freunde einen alten Bauernhof außerhalb der westjütischen Stadt Stauning.

Um mehr Kontrolle über die Produktion zu haben, begann Stauning Whisky 2009 selbst dänische Gerste und Roggen zu mahlen, der von lokalen Bauern gekauft wurde. Stauning Whisky steht für jeden Schritt der Produktion ein. Bei den Weltmeisterschaften für Whisky 2014 gewannen sie eine Medaille für den besten Single-Malt-Whisky unter zwölf Jahren. Heute werden verschiedene Sorten des beliebten Getränks produziert.

Das Interesse, selber zu sehen, zu riechen und zu schmecken, wie Whisky hergestellt wird, steigt, und Stauning Whisky kommt mit den Führungen, mit und ohne Geschmacksproben, auf Dänisch und Deutsch kaum nach. Es ist beeindruckend, die Tennenmälzerei, die handgemachten Kupfer-Pot-Stills und die Whiskyfässer in den alten Gebäuden zu sehen.

2015 besuchten über 12.000 Gäste die Whiskybrennerei, und die Besucherzahl steigt weiter. 2016 wurde nämlich bekannt, dass Distill Ventures und Diageo, die größten Spirituosen-Produzenten der Welt, mehr als 100 Millionen Kronen in Stauning Whisky investiert haben, um daraus eine neue internationale Supermarke zu machen. Mit der Investition wird eine neue Brennerei von 4.000 Quadratmetern auf den Feldern neben der jetzigen Brennerei gebaut, 2018 soll sie fertig sein. Das Ziel ist, Stauning Whisky noch stärker auf dem dänischen und dem Weltmarkt zu etablieren, ohne dabei die westjütischen Wurzeln zu vergessen.

Adresse Stauningvej 38, 6900 Skjern, www.stauningwhisky.dk | **Öffnungszeiten** wechselnd, mehr – auch zu Führungen – auf facebook.com/Stauningwhisky oder auf der Homepage | **Tipp** Sie können auch auf Mors eine Whiskybrennerei finden, und zwar die Brænderiet Limfjorden im Havnevej 75, Sillerslev, 7990 Øster Assels.

81 Die Mühle

Die Mühle von 1895, der Treffpunkt auf Fanø

Die Mühle in Sønderho ist im holländischen Stil einer Kornwindmühle gebaut, und die simple Konstruktion beruht auf jahrhundertelanger Erfahrung. Die Mühle stammt aus dem Jahr 1895, war aber bereits 1928 aufgrund fehlender Wartung baufällig und leider zum Abriss verurteilt. Glücklicherweise tat sich eine Gruppe von Bürgern zusammen und richtete den Fonds »Gamle Sønderho« ein mit dem Zweck, die Holländermühle für die Nachwelt zu bewahren.

In Sønderho auf Fanø findet jedes Jahr am dritten Sonntag im Juli das Stadtfest Sonderhø-Tag statt. Das Stadtfest feiert die Geschichte Fanøs, die Traditionen und die jahrhundertealte maritime Kultur. An diesem Tag ziehen viele Bürger die tollen alten Fanø-Trachten an, die nur für festliche Anlässe hervorgeholt werden.

Am Sønderho-Tag im Jahr 1930 wurde die Mühle neu eingeweiht, auch wenn der Rundgang fehlte. Der Fonds »Gamle Sønderho« setzte seine Arbeit fleißig fort und verdiente sich mit dem Verkauf des Kronlaufwerks, der Hauptwelle, des Sternrads und des Mühlenlaufwerks, die alle aus Gusseisen waren, das Geld für eine Instandsetzung des Durchgangs. Am Sønderho-Tag 1943 wurde der neue Durchgang dann eingeweiht. Im Laufe der Jahre hat der Fonds stets um die Bewahrung der Mühle gekämpft und alles Baufällige repariert und ausgewechselt, sodass die Mühle heute in einem bemerkenswert guten Zustand ist.

Der Fonds feiert am dritten Sonntag im Juni den nationalen Mühlentag. An diesem Tag ist die Mühle natürlich geöffnet, sodass Besucher sehen können, wie Korn zu Mehl gemahlen wird. Der Mühlentag wird immer mit Musik, Gesang und Tanz und mit Sønderho-Gebäck gefeiert. 2016 war ein besonderer Mühlentag, da die Insel gleichzeitig ihr 275-jähriges Jubiläum hatte. Am Sønderho-Tag ging es auch zur Mühle, wo der Tradition getreu Fanø-Trachten und einheimische Brauttänze zu spezieller Sønderho-Musik vorgeführt wurden.

Adresse Vester Land 44, Sønderho, 6720 Fanø, www.fondengamlesonderho.dk/sonderhomolle | **Öffnungszeiten** ab Sa vor Palmsonntag – 30. Nov. täglich rund um die Uhr, Eintritt Erwachsene 20 Kronen, Kinder 5 Kronen. Das Geld wird in den aufgestellten Behälter gelegt. | **Tipp** Besuchen Sie auch Fanøs zahlreiche Galerien, wie zum Beispiel die Fanø Strandgaleri (Kirkevejen 39, Rindby) oder die Galerie Enggaard (Hovedgaden 84).

82 Der Landungsplatz

Idyllisch und authentisch

Sie werden sich wahrscheinlich wie ein Teil eines lebendigen Gemäldes fühlen, wenn Sie den Landungsplatz Stenbjerg mit seinen malerischen Geräteschuppen, dem hellen Sandstrand und der schäumenden Nordsee im Hintergrund besuchen.

Die besonderen Geräteschuppen stammen aus der Zeit um 1900, als die Fischer einen Unterstand brauchten, um ihre Geräte vor Wind und Wetter zu schützen. Es waren die Fischer selbst, die die Häuser vorwiegend aus Zementsteinen bauten. Die Häuser sind einfach gebaut, erfüllten aber ihren Zweck, da sie nur zur Aufbewahrung von Fischereiausrüstung dienen sollten und nicht als Wohnhäuser.

Gerade diese Häuser machen den Landungsplatz zu einem Stück dänischer Geschichte. Dies war auch Knud Skadhauge klar, weshalb er den Verein zur Bewahrung des Landungsplatzes Stenbjerg gründete. Um den Verein am Laufen zu halten, wurde an einem Sonntag im Juli 1973 der sogenannte Stenbjerg-Tag abgehalten, ein Fest bei den alten Rettungshäusern. Es sollte Unterhaltung und Aufführungen mit Verbindung zum früheren Rettungswesen Stenbjergs geben, außerdem Musik und Gesang. Die ganze Stadt sollte für diesen Anlass Kuchen backen.

Es heißt, dass die alten Fischer skeptisch gegenüber der Veranstaltung waren, ihre Frauen aber waren so begeistert von der Idee, dass sie am ersten Stenbjerg-Tag mit Unmengen an Gebäck auftauchten, sodass der Kuchentisch ein voller Erfolg wurde. Was eigentlich eine einmalige Veranstaltung sein sollte, erfreute sich so großer Beliebtheit, dass der Stenbjerg-Tag zu einem Volksfest wurde, welches immer noch am zweiten Sonntag im Juli abgehalten wird.

Die Einnahmen vom Stenbjerg-Tag werden für die Wartung des Landungsplatzes verwendet. Die Häuser wurden 2000 und noch einmal im Herbst 2012 gründlich renoviert – dank dem Verein und dem »A. P. Møller und Chastine Mc-Kinney Møller Fonds für Allgemeine Zwecke«.

Adresse Stenbjerg Landingsplads, Stenbjerg, 7752 Snedsted, www.stenbjerglandingsplads.dk | **Tipp** Der Verein zur Bewahrung des Landungsplatzes Stenbjerg zeigt im Gebäude Spilhuset, das in derselben Straße liegt, eine Ausstellung über die Küstenfischerei.

83 Das Rettungsmuseum

Ein Museum in einem denkmalgeschützten Rettungshaus

Das Fischerdorf Stenbjerg ist eine kleine Küstenstadt, deren genaues Alter keiner kennt. Man weiß aber, dass die Siedlung bis ins 17. Jahrhundert zurückgeht, um 1800 bestand das Dorf aus 19 Häusern und hatte 86 Einwohner. Etwa 100 Jahre später lag die Einwohnerzahl bei 261. Im November 1893 ertranken 48 Fischer aus den Fischerdörfern von Thy, und das war mit ein Grund, dass Stenbjerg 1894 eine Rettungsstation bekam. Das Rettungsboot kam neu gebaut aus Kopenhagen, ein Boot derselben Art gibt es auch heute noch im Rettungshaus. Das Rettungsboot von Stenbjerg kenterte im Jahr 1896 während einer Übung, doch es wurde glücklicherweise niemand verletzt. Dies war der einzige Unfall, den die Rettungsstation je hatte. Dagegen erlebte man viele glückliche Momente, denn ganze 121 Personen wurden im Laufe der Jahre bei zehn größeren Rettungsaktionen gerettet. Dazu kommen die Rettungsaktionen mit Booten von Einheimischen, bei denen 19 Fischer gerettet wurden.

Ende der 1920er Jahre geschahen längere Zeit keine Unglücke. Statt die Rettungsstation aber stillzulegen, wurde ein neues Rettungshaus am Landungsplatz gebaut, und das Boot wurde als Rettungsboot der Fischer benutzt. 1969 hatte die Rettungsstation ihren letzten Einsatz im Ernstfall, und 1972 war das Rettungsboot das letzte Mal im Wasser.

Heute ist das Rettungshaus denkmalgeschützt und ein typisches Beispiel für Rettungshäuser, die um die Jahrhundertwende und bis zum Zweiten Weltkrieg gebaut wurden. Es beherbergt nun das Rettungsmuseum Stenbjerg, und auch wenn es nicht sehr groß ist, ist es einen Besuch wert. Das Haus wird von der Skov- und Naturstyrelsen, der Forst- und Naturbehörde, betreut, und außer dem bereits genannten Rettungsboot von 1892 war das ganze Inventar noch bis zuletzt in Gebrauch. Die Ausstellung wurde von dem Verein zur Bewahrung des Landungsplatzes Stenbjerg, dem Museum für Thy, Vester Hanherred und dem Thy Statsskovdistrikt eingerichtet.

Adresse Stenbjerg Landingsplads, Stenbjerg, 7752 Snedsted | Öffnungszeiten Ostern, ab Pfingsten bis zum 1. Sept. täglich 10–17 Uhr, Eintritt 20 Kronen | Tipp Gegenüber dem Rettungsmuseum Stenbjerg befindet sich eine Info-Hütte, die Eis, Bücher, Karten und mehr verkauft.

84 Der Japanische Garten

Eine Oase der Ruhe, Balance und Harmonie

Egon Bedsted lebt seit 40 Jahren in seiner Villa in Struer, und die Gartenarbeit war schon immer seine große Leidenschaft. Als er im Jahr 2000 den Japanischen Garten in Kopenhagen besuchte, bekam er Lust, seinen eigenen Garten in einen japanischen umzuwandeln. Er brauchte sechs Jahre, 350 Tonnen Stein und jede Menge Zeit, bis es ihm gelungen war, eine wunderschöne Oase zu erschaffen, mit Seen, Wasserläufen, Wasserfall, Meditationsraum und einem Teehaus, in dem grüner Tee serviert wird.

Der Japanische Garten in Struer ist ein wahres Fundstück und auf jeden Fall einen Besuch wert. Der Garten ist in sieben Bereiche unterteilt, einer ruhiger und besinnlicher als der andere. Von den um die 450 beschnittenen Bäumen sind die meisten schon seit über 20 Jahren in den bewanderten Händen von Egon Bedsted.

Die Besucher können sich im Garten frei bewegen. Am Boden verteilt gibt es 25 Pfeile, die die Richtung weisen, damit man den besten Blick auf die verschiedenen Abschnitte bekommt. Oder man nimmt an einer Führung von Egon Bedsted teil. Er wird Ihnen mit Leidenschaft alles über seinen Garten erzählen, den er unter anderem nach Bildern aus 100 Büchern, die er über das Thema besitzt, entwarf.

Normalerweise ist ein japanischer Garten klein, aber da Egon Bedsteds Grundstück 800 Quadratmeter groß ist, war es möglich, mehrere Bereiche zu erschaffen. Diese sind mit Brücken verbunden, die über die kleinen Wasserläufe führen. In zwei der Seen schwimmen Karpfen. Sowohl Karpfen als auch Kraniche und Schildkröten gehören traditionell zu den japanischen Gärten. In erster Linie besteht der Garten aus Bäumen und Stauden, die Ruhe, Balance und Harmonie vermitteln sollen. Setzen Sie sich auf eine der Bänke und öffnen Sie Ihre Sinne.

Der Japanische Garten in Struer wurde 2015 vom Fernsehsender TV 2 als schönster Garten des Jahres nominiert. Seitdem hat der Garten auch ein kleines Puppenmuseum und eine Ecke mit Trödel.

Adresse Park Allé 91, 7600 Struer, www.japansk-have.dk | Öffnungszeiten 15. Mai – 1. Sept. Di – Do 10.30 – 16 Uhr, Eintritt (inklusive Kaffee und Kekse) 40 Kronen, Führung 50 Kronen, Führung, Tee und Gebäck 55 Kronen, Kinder unter 14 Jahren gratis | Tipp Schauen Sie auch im Struer Museum vorbei (Søndergade 23, 7600 Struer).

85 Cold Hawaii

Das Surferparadies in Klitmøller

Der Name »Cold Hawaii« bezeichnet ein Gebiet mit über 31 registrierten Surfstellen, die in Thy liegen – von Agger Tange im Süden bis nach Vorupør, Klitmøller und Hanstholm im Norden. Die besonderen Windverhältnisse in der Gegend erinnern an die Windverhältnisse auf Hawaii, allerdings ist es an der dänischen Westküste deutlich kälter, und so entstand der vielsagende Spitzname.

Besonders die Stadt Klitmøller profitiert davon, dass die Surfer das Cold-Hawaii-Gebiet in den 1980ern für sich entdeckten. Seit Anfang der 1990er ließen sie sich in der Gegend nieder, und in der Folge wurden auch viele kleine Unternehmen in der Stadt ansässig. Die Surfer sorgten für ein reges Stadtleben. Seit 2010 wird hier der Cold Hawaii PWA World Cup abgehalten, ein internationaler Surfwettbewerb für 32 der besten männlichen Wellen-Windsurfer.

2016 wurde das erste Mal kein Gewinner des Cold Hawaii PWA World Cup gekürt, da es die ganze Woche über windstill war! Aber selbst fehlender Wind und fehlende Wellen konnten die Surfer nicht vertreiben. Sie lieben die Gegend so sehr, dass sie bleiben, es könnte ja doch noch eine Welle auftauchen …

Auch wenn Sie kein Surfer sind, ist Cold Hawaii beziehungsweise Klitmøller zu jeder Jahreszeit ein besonderer Ort. Die Gegend ist so beliebt, dass viele hierherziehen – besonders Kopenhagener. Gerade für junge Familien ist es wegen der Surfmöglichkeiten und der Ruhe so attraktiv, sich hier niederzulassen, dass 2016 sogar von einem Wohnungsmangel die Rede war.

Cold Hawaii ist auch schon im Ausland positiv aufgefallen. Die Brasilianer waren interessiert, mehr darüber zu erfahren, wie eine kleine Stadt mit 800 Einwohnern dank den Weltklasse-Surfspots so wachsen konnte. Deshalb wurde 2016 eine Verabredung zwischen dem Bürgermeisteramt von Rio de Janeiro und der Gemeinde Thisted getroffen zum Austausch über nachhaltigen Surf-Tourismus.

Adresse Cold Hawaii Surfcamp in Klitmøller, Ørhagevej 151, Klitmøller, 7700 Thisted | Tipp Das Thisted Bryghus und die Friends of Cold Hawaii haben ein Cold-Hawaii-Bier erfunden, das man in Thy, Hanherred, Thyholm und auf Mors kaufen kann.

86 Die Faddersbøl Mühle

Holländische Mühle mit Ausstellung

Die Faddersbøl Mühle wurde 1662 das erste Mal schriftlich erwähnt. Damals war die Mühle eine Wassermühle und gehörte dem Gutsherrn Jørgen Kaas, der auch den Faddersbøl Gutshof besaß.

Der Zulauf des Sjørring Sees sorgte für eine stabile Wasserversorgung, doch 1859 war die Mühle dem sogenannten Sjørring-See-Projekt im Weg. Das Projekt sah vor, den See zu entwässern, und so wurden tiefe Kanäle gegraben, um das Wasser abzuleiten. Die Mühle war damals im Besitz des Müllers Holst, der sie an Kapitän Jagd weiterverkaufte, der wiederum die Mühle schloss. Da man allerdings immer noch Strom brauchte, baute er von dem Geld eine neue holländische Windmühle auf einer Anhöhe westlich der alten Wassermühle. Hier konnten die einheimischen Bauern ihr Korn mahlen lassen, und das Mühlengeschäft entwickelte sich zunächst zu einem Futtermittelhandel und später zu einem Lebensmittelgeschäft.

Die Faddersbøl Mühle war im Besitz vieler Familien. Im Laufe der Zeit ging man von einem Kerosinmotor zu einem Dieselmotor über. Die Mühle war bis ins Jahr 1968 in Betrieb, danach war ihre Zeit vorbei. Über einige Jahre hatte die Mühle keine Flügel und war nur mit Platten verkleidet, doch 2001 ergriffen Einheimische zusammen mit der Naturstyrelsen (der Behörde für Naturschutz des dänischen Umweltministeriums) die Initiative für eine komplette Sanierung des Gebäudes, sodass die Mühle heute wieder ihr ursprüngliches Aussehen hat.

Im Mühlenkeller gibt es eine Ausstellung über die Geschichte der Mühle, den allgemeinen Mühlenbetrieb sowie die Umgebung. Im Umkreis wird der Bewuchs klein gehalten, um den freien Blick auf die Mühle zu bewahren. Am Bach, der hier vorbeiführt, können Sie mit etwas Glück Otter und Wasseramseln erspähen. Außerdem gibt es zwei ausgeschilderte Wanderrouten – die eine führt zur Ålvand Klithede, die andere in einen neu gepflanzten Wald, in dem es auch einen Hundewald gibt.

Adresse Egebaksandevej 1A, 7700 Thisted | **Öffnungszeiten** 1. April – 20. Okt. täglich 10 – 18 Uhr | **Tipp** Zwei Kilometer von der Faddersbøl Mühle entfernt liegt die Jannerup Mühle (Kanalvej 30, 7700 Thisted). Die 53 Quadratmeter große, holzverkleidete Mühle von 1877 wurde früher als Freizeithaus genutzt.

87 Die Kirchenruine Tvorup

Die Überreste einer verlassenen Kirche

Die Gemeinde Tvorup gehört zu den Orten, die im Laufe der Zeit am ärgsten von Sandverwehungen verwüstet wurden. Das hatte Konsequenzen, und zwar nicht nur für die Kirche in Tvorup, die im 12. Jahrhundert als romanische Dorfkirche aus Granit erbaut worden war. Viele hundert Jahre war die Kirche der Treffpunkt für die Menschen der Gegend, die Trost bei Gott und den Zusammenhalt in der Gemeinde suchten. Die Kirche in Tvorup war in Privatbesitz und sollte über die Kirchensteuer der Gemeinde instand gehalten werden, doch als die Sandverwehungen Mitte des 15. Jahrhunderts Tvorup trafen, flüchteten viele Einwohner. Die ältesten Berichte sind von 1596. In den folgenden 200 Jahren wurde dokumentiert, dass viele Höfe umsiedelten, da ihre Felder zerstört worden waren.

Die Bewohner kämpften über mehrere Generationen gegen den Sand an, doch Mitte des 18. Jahrhunderts sah die Gemeinde ein, dass die Menschen den Ort verlassen und ins Landesinnere ziehen mussten. Die Sandverwehungen von 1741 waren so schlimm, dass man nur noch über den Friedhofsdeich fahren konnte.

Die Kirche in Tvorup hatte eine kleine Vorhalle aus dem Jahr 1704, aber diese war bereits 1750 so vom Sand zerstört, dass eine Reparatur sich nicht mehr lohnte. 1761 bedeckte der Sand den Großteil von Tvorup, und es waren nur noch acht bis zehn Bewohner übrig. Die Kirchensteuer der Bewohner reichte für die Wartung der Kirche nicht mehr aus, und 1794 ersuchte der Besitzer um Erlaubnis, die Kirche zu schließen. Er bekam sie, und 1795 wurde die Kirche aufgegeben. Ein Teil der Kirche wurde für die Instandsetzung der Nachbarkirche in Vang verwendet. Heute ist die Kirchenruine Tvorup einer der vielen schönen und friedvollen Orte im Nationalpark Thy. Im Gras können Sie Überreste der Kirchenmauer erspähen, und südlich der Kirche liegen die Überbleibsel des Friedhofs, umgeben vom alten Kirchendeich. Sie können auch Umrisse einzelner Gräber erkennen.

Adresse Tvorupvej, 7700 Thisted | **Tipp** 30 Kilometer südlich der Ruine liegt der Kaufmannshof von Doverodde aus den 1850ern, wo es wechselnde Ausstellungen über nordische Kunst und Kunsthandwerk gibt.

88 Der Kutter Bellis

Erhaltenswerter Kutter als Wahrzeichen Klitmøllers

Dieser Kutter ist das Gegenteil von protzig, er kann aber eine beeindruckende Geschichte erzählen. »Bellis« ist ein zwölf Meter langer und vier Meter breiter Kutter, der 1964 von Peter Mortensen Bootsbau in Klitmøller gebaut wurde. 1967 wurde er von vier Männern aus Klitmøller gekauft, die ihn dort für kurze Zeit zum Fischfang nutzten. Da allerdings im selben Jahr der Hafen von Hanstholm eingeweiht wurde, zogen die vier dorthin, um mehr Geld mit der Fischerei zu verdienen.

Jahre später überließen drei der Besitzer den Kutter dem vierten Mann, Børge Thorup, und dieser setzte den Fischfang bis 2002 mit wechselnder Besatzung fort, bis er im Alter von 79 Jahren in den Ruhestand ging. Er bekam Abwrackhilfe, und der Kutter wurde nach Esbjerg verfrachtet, um dort sein Ende zu finden.

Seit der Mitte des 19. Jahrhunderts war die Fischerei mit kleinen Kuttern vom Strand aus die Haupteinnahmequelle des Orts, aber seit 1967 war es einfacher, im Hafen von Hanstholm anzulegen, als die Kutter auf den Strand zu ziehen. Eine lokale Gruppe interessierte sich sehr für die Geschichte des Fischfangs und die Liegeplätze von Klitmøller und erhielt die Erlaubnis, den abgewrackten Kutter Bellis zurück nach Klitmøller zu holen. Hier wurde er dann wieder aufgebaut und restauriert, sodass er sein originales Aussehen zurückerhielt. Bellis kam wieder an den Liegeplatz Ørhage am Strand von Klitmøller, wo der Kutter auch ursprünglich lag.

Heute ist er ein kleines Museum, in dem man sich informieren kann über die Küstenfischerei, wie sie war, bevor sich im elektronischen Zeitalter die modernen Kutter durchsetzten. An Bord kann man sich die verwendeten Fischfanggeräte ansehen und die Instrumente, die zum Navigieren benötigt wurden.

Als Besucher kann man sich hier gut in die damalige Besatzung hineinversetzen und ihren harten Arbeitsalltag an Bord des Kutters nachempfinden.

Adresse Klitmøller Strand, Ørhagevej, 7700 Thisted | Tipp Am Liegeplatz Ørhage in Klitmøller wird immer noch von kleinen Jollen mit Motor aus geangelt.

89 Die Bernsteinsafari

Auf der Jagd nach dem Gold des Nordens

Man kann an der gesamten dänischen Küste Bernstein finden, doch an der Westküste hat man wegen der Windverhältnisse und der stürmischen Wellen die besten Chancen. Wenn es an der Westküste stürmt, wird 30 Millionen Jahre altes Harz, das jetzt zu Bernstein geworden ist, zusammen mit Tang, toten Fischen, Holzstücken und Muscheln vom Meeresboden losgerissen und an den Strand gespült. 90 Prozent aller Bernsteine werden daher im Herbst und Winter gefunden.

Das JyllandsAquarium in Thyborøn veranstaltet das ganze Jahr über jeden Donnerstag um 14 Uhr eine Bernsteinsafari. Die Safaris erfreuen sich großer Beliebtheit und haben hohe Teilnehmerzahlen. Der Guide erklärt, wann und wo man am besten Bernstein findet und wie man gelbe Steine von Bernstein unterscheidet. Die vielen guten Ratschläge der Bernsteinsafari halfen besonders einer deutschen Touristin auf einer Tour im Jahr 2015. Zwei Tage nach der Safari erzählte sie, dass sie so viel Bernstein gefunden habe, dass sie den Boden eines Eimers damit füllen konnte, und sie konnte auch einen großen Fund als Beweis vorzeigen.

Nehmen Sie an einer Bernsteinsafari teil, dann werden Sie auf jeden Fall etwas finden. Sollte es keinen Sturm gegeben haben oder der Strand leer gesucht sein von anderen Bernsteinbegeisterten, die oft auch mit flachen Netzen am Strand danach fischen und sogar nachts mit UV-Lampen danach suchen, bringt der Guide nämlich kleine Stücke Bernstein mit und verteilt diese, damit die Teilnehmer dennoch üben können.

Egal, ob Sie an einer Bernsteinsafari mit Guide teilnehmen oder nicht, es ist in jedem Fall richtig spannend, auf Bernsteinjagd zu gehen. Bei der Bernsteinsafari des JyllandsAquariums sind Kinder und Hunde herzlich willkommen. Der Guide spricht während der ganzen Tour von eineinhalb Stunden sowohl Dänisch als auch Deutsch.

Adresse JyllandsAkvariet, Vesterhavsgade 16, 7680 Thyborøn, www.jyllandsakvariet.dk | **Öffnungszeiten** täglich 10 – 16 Uhr (im Sommer länger), Eintritt Erwachsene 50 Kronen, Kinder 40 Kronen, Kinder unter 3 Jahren gratis; haben Sie eine Eintrittskarte fürs JyllandsAquarium, gibt es Ermäßigung | **Tipp** Machen Sie einen Spaziergang in Thyborøn und gucken Sie in die Gärten. Viele Bewohner hängen nicht Wäsche zum Trocknen auf, sondern Fisch.

90 Die Gedenkstätte einer Schlacht

Denkmal für 8.645 gefallene Marinesoldaten

Am 100. Jahrestag der größten Seeschlacht des Ersten Weltkriegs weihte das Sea War Museum Jutland in Thyborøn eine einzigartige und respektvolle Gedenkstätte für die Opfer der Schlacht bei Jütland ein. Die Schlacht fand im Ersten Weltkrieg zwischen Deutschland und England statt, genauer gesagt vom 31. Mai bis zum 1. Juni 1916, 145 Kilometer westlich von Thyborøn. Die Gedenkstätte befindet sich im damals neutralen Dänemark. Ihr Schwerpunkt liegt auf den Männern, die gekämpft haben und dabei ums Leben kamen, nicht auf der Frage, wer gewonnen oder verloren hat. Im Laufe der blutigen Schlacht starben 8.645 Männer, 25 Schiffe sanken. Die Gedenkstätte besteht aus 26 großen Granitblöcken, die in den Dünen aufgestellt wurden, einer für jedes der Schiffe und einer für alle Gefallenen von den Schiffen, die nicht gesunken sind. Die Granitsteine sind so angeordnet, dass sie die gleiche Formation bilden wie die gesunkenen Schiffe auf dem Grund der Nordsee. 8.645 Figuren symbolisieren die gefallenen Seeleute. Die Gedenkstätte eröffnete am 31. Mai 2016.

Das Kunstprojekt wurde vom Künstler Paul M. Cederdorff ausgeführt, die Initiative für die Stätte kam vom dänischen Wracktaucher Gert Normann Andersen. Er steht auch hinter dem Sea War Museum, welches 2015 eröffnete. Das Museum soll das Wissen in der Bevölkerung über den Seekrieg in der Nordsee im Ersten Weltkrieg fördern und historische Gegenstände bewahren sowie die Schiffswracks und deren Verfall in der Nordsee registrieren und dokumentieren. In der Dauerausstellung finden Sie dramatische Erzählungen über die Schlacht, die mit originalen Gegenständen illustriert werden, wie zum Beispiel Objekten aus dem privaten Besitz des englischen Admirals, eine Leihgabe des Sohnes. Taschenuhr, Mappe und Buch mit leserlichen Notizen des Admirals geben den Museumsbesuchern einen besonderen Einblick in die Geschichte.

Adresse Sea War Museum Jutland, Kystcentervej 11, 7680 Thyborøn, www.jutlandbattlememorial.com und seawarmuseum.dk | Öffnungszeiten täglich 10–16 Uhr (Juni–Aug. 10–17 Uhr), Dez. größtenteils geschlossen, Eintritt Erwachsene 75 Kronen, Rentner 60 Kronen, Kinder von 8–15 Jahren 30 Kronen, Kinder von 0–7 Jahren gratis | Tipp Gegenüber dem Sea War Museum Jutland liegt das JyllandsAkvariet, das ebenfalls einen Besuch wert ist.

91 Das Schneckenhaus

Ein Abenteuerhaus aus Muscheln

1949 versprach der frühere Fischer Alfred Chr. Pedersen seiner Frau Paula, dass er nach dem Umzug von Rønland nach Thyborøn ein ganz einzigartiges Haus für sie bauen werde. Leute würden von nah und fern anreisen, um das Haus zu sehen. Er erfüllte sein Versprechen und behielt auch mit seiner Vorhersage recht. Die nächsten 25 Jahre baute er das Schneckenhaus in Thyborøn und schmückte es mit Muscheln. Die Arbeitsweise war ihm bereits vertraut, da er eine Mauer des früheren Heims mit Muscheln verziert hatte.

Alfred, seine Frau und ihre sieben Kinder wohnten in dem Haus im Klitvej, während Alfred unverdrossen Wohnhaus, Schuppen und einen Innenhof baute sowie die Krönung des Werks: einen 14 Meter hohen Turm, verziert mit Schnecken und Muscheln. Das Schneckenhaus wurde 1974 fertiggestellt und hat seither viele Touristen angezogen, besonders aus Dänemark und Deutschland.

Paula war begeistert vom Schneckenhaus, doch einer der Enkel erzählte einmal, dass sie auch manchmal müde war, wenn die gefüllten Touristenbusse vor dem Haus vorfuhren. Trotzdem konnte Paula es nicht lassen, die Touristen einzuladen und ihnen ein herzliches Willkommen zu bereiten. Paula starb 1976, Alfred Chr. im Jahr darauf, doch sein Meisterwerk steht immer noch. Es ist heute im Besitz der Gemeinde und wird von einem Pächter betrieben. Das Schneckenhaus ist nicht nur von außen spektakulär. Drinnen finden Sie Dänemarks größte Sammlung von Schneckenhäusern, Alfred Chr. Pedersens große Bernsteinsammlung, Flaschenschiffe und viele interessante Funde aus dem Meer, die er entweder selber gemacht oder von anderen geschenkt bekommen hatte.

Im Wohnzimmer des Schneckenhauses findet man unter anderem zwei geschnitzte Schränke. Auf dem einen Schrank steht das Geschirrservice, welches Paula für Gäste benutzte. Auf dem anderen Schrank steht ein Modell des Kutters, mit dem Alfred Chr. früher unterwegs war. Er stellte das Modell selbst aus gefundenen Materialien her.

Adresse Klitvej 9, 7680 Thyborøn, www.sneglehuset.dk | Öffnungszeiten das ganze Jahr über geöffnet, meistens 11 – 14.30 Uhr, doch die Öffnungszeiten wechseln; Infos auf facebook.com/sneglehuset1949 oder auf der Homepage, Eintritt Erwachsene 20 Kronen, Kinder von 3 bis 12 Jahren 5 Kronen | Tipp Machen Sie in Thyborøn eine Sightseeingtour mit dem Spætten (Specht) – einem Traktor mit Anhänger. Der Spætten fährt in der Hauptsaison und kommt an allen Attraktionen Thyborøns vorbei. Eine Tour dauert ungefähr eine halbe Stunde. Steigen Sie beim JyllandsAquarium ein.

92 Der Fjordfischer

Antwort des Limfjords auf die »Kleine Meerjungfrau«

Vor einigen Jahren beschloss der Vorstand der Jegindø Fonden, den Menschen ein Denkmal zu errichten, die einst eine kleine Fischergemeinde auf Jegindø gegründet hatten und mit dem Netzfischen im Limfjord durch harte Arbeit ihr tägliches Brot verdienten.

Die Fjordfischer zogen den Limfjord dem Meer vor und betrieben über mehrere Generationen den mühseligen Fischfang im Fjord. Viele der heutigen Fischer auf Jegindø sind Nachkommen dieser Fjordfischer. Das Denkmal sollte gleichzeitig auch ein Wahrzeichen des Fischereimuseums Æ Fywerhus werden.

Die Bildhauerin Bodil Dam aus Vrensted (bei Løkken) übernahm die Aufgabe, das Kunstwerk zur Ortsgeschichte zu gestalten. Sie schuf eine Bronzefigur eines 1,84 Meter großen Fjordfischers, der auf den Limfjord beim Æ Fywerhus und Jegindø Hafen hinausblickt. Um sich für ihr Werk inspirieren zu lassen, war Bodil Dam auf Tour in Jegindø, wo sie auch mit drei einheimischen Fischern sprach, die während des Gesprächs auf das Meer hinausschauten. Dies veranlasste die Künstlerin, ihrem »Fjordfischer« dieselbe zeitlose Position zu geben. Er ist nicht in einem flüchtigen Moment eingefangen, sondern steht unbeirrbar an seinem Platz und trägt die typische Kleidung eines Fjordfischers: Mütze, Overall und Holzschuhe. Der Sockel des »Fjordfischers« ist ein schwarzblauer Stein, der einen kleinen Hügel symbolisiert, auf den er gestiegen ist, um weiter sehen zu können. Der Stein ist so groß, dass Sie sich neben ihn stellen können, um auf dem Wasser nach Segelbooten Ausschau zu halten – und vielleicht ein Selfie zu machen. Die Künstlerin Bodil Dam schreibt auf ihrer Website, dass sie den »Fjordfischer« gerne als Antwort des Limfjords auf die »Kleine Meerjungfrau« sieht.

Die Einweihung des »Fjordfischers« fand im Juni 2015 statt, der stellvertretende Vorsitzende der Jegindø Fonden, Ernst Trillingsgaard, hielt zu diesem Anlass eine Rede.

Adresse Havnegade, Jegindø, 7790 Thyholm | **Tipp** Bodil Dams Werkstatt und Galerie in Løkken sind nach Absprache das ganze Jahr über zu besichtigen: Tel. 2166/1499 oder E-Mail pca@bodildam.dk.

93 Die Heilige Quelle

Die Quelle, die niemals zufriert

Mit großer Wahrscheinlichkeit werden Sie sich etwas verloren fühlen auf der Suche nach der Heiligen Quelle in Thyholm. Fragen Sie Einheimische nach einer Wegbeschreibung, werden die meisten denken, dass Sie zur St.-Mauritius-Quelle wollen, denn die Quellen werden oft verwechselt. Aber die Heilige Quelle liegt wirklich am Munkevej in Thyholm. Sie könnten sich auf der Hinfahrt fragen, ob Sie wirklich auf dem richtigen Weg sind, da es über sich schlängelnde Landstraßen geht und Sie schließlich vor einem Haus parken, wo der neugierige Hund dann denkt, Sie seien Besucher der Hausbewohner. Aber Sie müssen nur wenige hundert Meter weitergehen, um das Info-Schild zu sehen, das Sie auf den Pfad zur Quelle führt. Die Quelle liegt fast in einem Garten, und es ist schon etwas schräg, dass Sie den Garten mit Schaukel nur wenige Meter entfernt sehen können.

Es heißt, dass die Quelle schon als heilig angesehen wurde, bevor das Christentum nach Dänemark kam. Damals glaubte man, dass die Quelle heilende Kräfte hätte, und sie wurde vor allem am St.-Hans-Abend besucht, da dann die Kräfte im Wasser am stärksten sein sollten. Holte man Wasser an der Quelle, durfte nicht gesprochen werden, und das Wasser durfte nicht unter ein Dach gebracht werden, da man befürchtete, es werde dann seine heilige Kraft einbüßen.

Laut der Sage verlor die Quelle auf dem Munkevej ihre Kräfte um das Jahr 1800, als ein Bauer seine kranken Pferde im Wasser wusch. Was man glaubt oder nicht, ist jedem selbst überlassen. Gesichert ist, dass jeden Tag 10.000 Liter aus der Quelle fließen und sie niemals zufriert. Nördlich der Heiligen Quelle liegt ein herrlicher Mühlendamm, der von den vielen tausend Litern profitiert.

In Dänemark gibt es um die 700 Quellen, und in alten Zeiten wurden an mehreren Orten sogenannte Quellenmärkte abgehalten, wo Händler ihre Stände aufstellten und alles Mögliche zum Verkauf anboten.

Adresse Munkevej, 7790 Thyholm (nahe dem Meldgårdsvej) | Tipp Um die Quelle zu finden, folgen Sie dem Trampelpfad entlang des Zauns, der beim Info-Schild anfängt. Der Pfad kann sehr matschig sein, deshalb lieber Gummistiefel mitnehmen.

94 Das Heimatmuseum

Ein Apothekerhof mit Pfarrgarten als Museum

Der Kreißsaal ist sehr realistisch wiedergegeben, so, wie er mal aussah im Hvidbjerg Krankenhaus im Jahr 1892. Er befindet sich heute auf dem Dachboden des Heimatmuseums Thyholm, einem Museum, das aus fünf Gebäuden besteht, die die Geschichte des 1.000 Jahre alten Dorfs Søndbjerg widerspiegeln.

Das Hauptgebäude von 1657 war von 1820 bis 1868 eine Apotheke und zeigt heute ein komplett möbliertes Heim aus dem vorigen Jahrhundert. In drei separaten Räumen waren die Apotheke, das Chefbüro der alten Hvidbjerg Bank und die Uglev Telefonzentrale untergebracht. Alles ist so detailliert dargestellt, dass Sie sich in die Zeit zurückversetzt fühlen. Es ist bewundernswert, dass alles, was das Museum zeigt, persönliche Geschenke von Einheimischen und anderen sind, die eine Verbindung zur Gegend haben. Deshalb gibt es auch eine Ausstellung über Handwerk und eine Landwirtschaftsausstellung sowie eine Radio-/TV-Ausstellung in der Scheune.

Der Besitzer des Hofs, der Kunstmaler Kresten Rusbjerg, hat dem Hauptgebäude den Namen Apothekerhof gegeben, in seinem früheren Heim ist jetzt ein Museumsshop untergebracht. Als er 1990 den Hof an die Institution Heimatmuseum Thyholm übergab, überreichte er auch eine Liste mit den Besitzern des Hofs seit 1664, um einen Eindruck der vielen Menschen zu geben, die im Apothekerhof gelebt haben.

2013 wurde der Pfarrgarten mit dem Namen Wilsehaven zu Ehren von Jaco Nicolai Wilse (1763–1801) eingerichtet, der in Søndbjerg aufwuchs. Wilse war Pastor und Professor in Norwegen, wo er einen Pfarrgarten anlegte. Der Wilsehaven mit seinen breiten Pfaden ist inspiriert von Wilses Garten in Norwegen. Zu sehen gibt es die Pflanzen, mit denen sich Wilse beschäftigt hatte – unter anderem Flieder-, Haselnuss- und Brombeersträucher, Weißklee und Katzenminze. Im Gegensatz zum Museum hat der Garten das ganze Jahr geöffnet.

Adresse Havrelandsvej 29, Søndbjerg, 7790 Thyholm, www.thyholm-egnsmuseum.dk | **Öffnungszeiten** Mai–Juni Wochenende und feiertags von 14–17 Uhr, KW 27–32 sowie 42 Di–So 14–17 Uhr, Eintritt Erwachsene 40 Kronen, Kinder 7–15 Jahre 10 Kronen | **Tipp** Die Bjørndal Kalkgrube hat einen Rastplatz mit einem acht Meter hohen Aussichtsturm, der ein tolles Panorama über die Umgebung bietet, wo einmal Kalk abgebaut wurde: Stokholmvej 10, 7790 Thyholm.

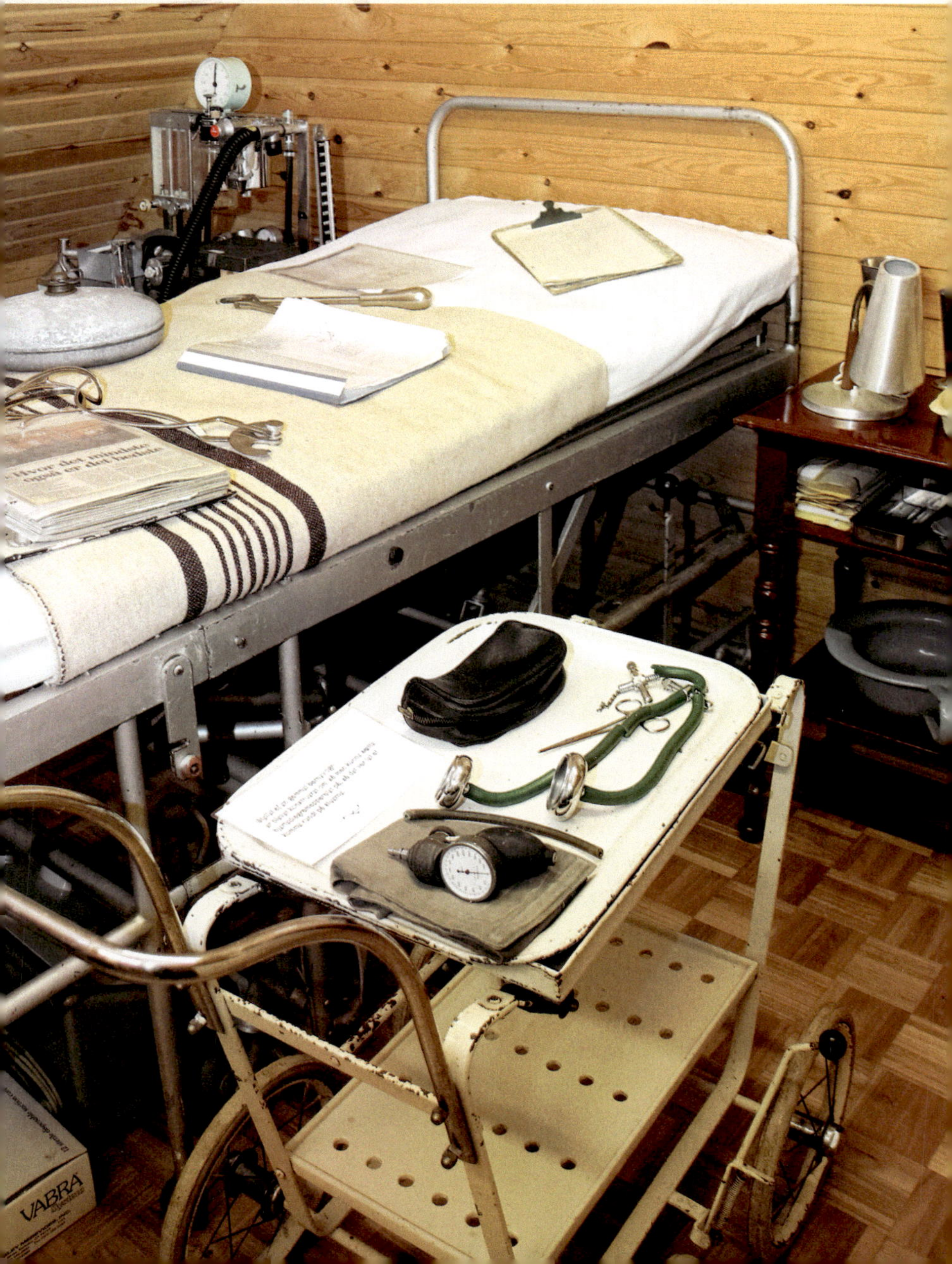

95 Die St.-Mauritius-Quelle

Neu instand gesetzte Quelle aus dem Mittelalter

Die St.-Mauritius-Quelle liegt recht versteckt, und Sie müssen nahe dran sein, um ihr Wasser rieseln hören zu können. Die Quelle wird ins Mittelalter datiert. Zur heiligen Quelle wurde sie aufgrund ihrer Lage an der Küste, da das Meer als Gottheit angesehen wurde. Ihr Name stammt von dem römischen Legionär Mauritius, der im 3. Jahrhundert lebte und zum katholischen Heiligen wurde. Er war der Schutzpatron der Armee, der Infanterie und der Messer- und Waffenschmiede und wurde vor der Schlacht angebetet.

Die St.-Mauritius-Quelle wurde angeblich 1716 von Johanne Christensdatter aus Serup wiederentdeckt. Sie soll eines Nachts geträumt haben, dass ihre kranken Beine wieder gesund würden, wenn sie sie in einem kleinen Wasserloch in der Nähe baden würde. Sie wurde daraufhin acht Tage lang zur Quelle getragen, und laut Erzählung war sie danach wieder gesund.

Die St.-Mauritius-Quelle zog nicht nur die Einheimischen an. Auch Pilger aus Norwegen kamen hierher, um die heilenden Kräfte zu erleben, nachdem der Sohn eines Priesters aus Søndbjerg nach Norwegen ausgewandert war, dort Priester wurde und von der Quelle erzählte. Wie andere Quellen auch sollte sie vor allem am St.-Hans-Abend besondere Kräfte haben und in dieser Nacht besucht werden.

1745 sorgte ein kleines Erdbeben dafür, dass der Hügel bei der Quelle zum Strand hinunterrutschte, und im Laufe der Jahre wuchs diese immer mehr zu. Die Quelle ist wichtig für die Historie der Gegend, da sie die Region über lange Zeit geprägt hat. Daher wurde die Quelle 2010 von Struer und dem Verein »Egnshistorisk Forening for Thyholm og Jegindø« vorsichtig wieder instand gesetzt. Die Instandsetzung glückte – die Quelle wirkt authentisch und ist schön anzusehen. Ob sie noch heilende Kräfte hat, ist nicht zu sagen, aber die meisten neugierigen Besucher möchten es herausfinden und halten deshalb ihre Hände ins Wasser.

Adresse Die Quelle hat keine genaue Adresse. Sie finden sie, wenn Sie den Schildern ab dem Serup Kirkevej und dem Lavbjergvej (7790 Thyholm) hinunter zum Schotterweg Richtung Serup Strand folgen, wo Sie dann auf ein Info-Schild treffen. | **Tipp** Sie können an einem Tisch-Bank-Set wenige Meter von der Quelle entfernt ein Picknick machen.

96_Der Tambohus Kro

Ein lokaler Held errichtet einen Gasthof

Diejenigen, die den Gasthof Tambohus in Thyholm kennen, wissen, dass der Gasthof über eine geniale Lage verfügt, zum Limfjord ist es nur ein Katzensprung.

1823 ließ sich der junge Fischer Chresten Pedersen aufgrund der Nähe zur Insel Jegindø hier nieder. Chresten Pedersen war einmal Militär-Trommler, und so wurde er nur Chresten Tambour genannt. 1830 rettete Chresten eine junge Frau vor dem Ertrinken. Er wurde von König Christian VIII. dafür belohnt, der ihm die Erlaubnis gab, eine Fährüberfahrt nach Jegindø zu betreiben. 1842 machte Chresten sich erneut bemerkbar. Diesmal lockte er Verbrecher in eine Falle, sodass die ganze Bande gefangen werden konnte. Wieder wurde der unternehmungslustige Fischer und Fährmann vom König belohnt und erhielt die Erlaubnis, einen Fähr-Gasthof mit dem Namen Tambohus Kro zu errichten.

Heute gibt es keine Fähre nach Jegindø mehr, denn 1915 wurde ein Damm gebaut, und Jegindø kann nun mit dem Auto besucht werden. Der 175 Jahre alte Gasthof steht noch und lädt zu einem Besuch ein. Der Gasthof ist im Laufe der Jahre restauriert und erweitert worden, während die authentische und gemütliche Atmosphäre bewahrt wurde, auch wenn die Einrichtung moderner geworden ist.

Die Küche im Gasthof ist alles andere als »alt«. Sie hat ein hohes Niveau und ist besonders für ihre Fischspezialitäten bekannt, im Sommer zieht das Fischbuffet viele Gäste an. Der Gasthof ist im Besitz von Karsten Mølgaard Pedersen und Jens Rysgaard. Karstens Frau Kristina arbeitet im Betrieb mit und bewirtet seit 15 Jahren die dänischen, deutschen, norwegischen, schwedischen und holländischen Gäste, die oft erwähnen, dass sie großen Wert auf die Stille und Ruhe in der wunderschönen Natur legen. Viele Gäste kombinieren einen Besuch der Gaststätte mit einer Angeltour, einer Partie Golf oder einer Fahrradtour.

Adresse Tambogade 37, 7790 Thyholm, www.tambohus.dk | **Öffnungszeiten** siehe Homepage | **Tipp** Neun der 29 Zimmer sind »Limfjordzimmer«, die Aussicht über den Limfjord bieten.

97 Die Alte Apotheke

Ein besonderer Laden mit etwas für jeden Geschmack

Egal, ob Sie auf der Suche nach einem Souvenir oder einem Geschenk für ein Kind oder einen Erwachsenen sind: In der Alten Apotheke in Tønder werden Sie bestimmt fündig. Es gibt drei Etagen mit allem, was das Herz begehrt – von Seemannsknoten über Modelschiffe und Kanonen bis hin zu Spielzeug, Weihnachtsschmuck, Modellautos und alten Schildern, nicht zu vergessen die Abteilung für die Naschkatzen.

Der Laden »Det Gamle Apotek« liegt in einem hübschen Gebäude aus dem Jahr 1595. 1671 wurde es von einer Villa in eine Apotheke umgewandelt. 1989 wurde die Apotheke aufgegeben, und Erik Thygesen gründete den jetzigen Laden. Erik hatte eine Vorliebe für alte Häuser, alte Möbel, Weihnachten und Nostalgie, woraus die Idee zu diesem einzigartigen Laden entstand, bei dem das Erlebnis im Zentrum stehen sollte. Und die Umsetzung ist Erik Thygesen gelungen: 1.200 Quadratmeter, verteilt auf 46 Räume, sind auf nostalgische oder etwas modernere Art und Weise dekoriert und geschmückt.

Tatsächlich fing der Laden als Weihnachtsmarkt an. Das Konzept erwies sich als so erfolgreich, dass der berühmte Weihnachtsschmuck inzwischen nicht nur in Tønder, sondern auch auf Weihnachtsmärkten in Aarhus, Odense, Svendborg, Vejle, Lyngby und Berlin zu finden ist. Besuchen Sie die Alte Apotheke außerhalb der Adventszeit, können Sie trotzdem Weihnachtsstimmung erleben, denn im Keller gibt es eine ständige Weihnachtsausstellung.

Der hübscheste Raum in der Apotheke ist ohne Zweifel die alte Arzneiausgabe. Legen Sie den Kopf in den Nacken, schauen Sie zur Decke und bewundern Sie die vielen tollen Malereien und künstlerischen Schnitzereien. Vor der Apotheke stehen zwei alte Löwenfiguren. Ein Junge aus Tønder hat mal erzählt, sein Vater habe behauptet, dass die Löwen brüllen, wenn eine Jungfrau vorbeigeht. Bisher hat noch niemand die Löwen brüllen hören, dennoch lebt diese lustige Geschichte fröhlich weiter.

Adresse Østergade 1, 6270 Tønder, www.det-gamle-apotek.dk | **Öffnungszeiten** wechselnd, am besten auf der Homepage nachschauen | **Tipp** In der Apothekerstube können Sie Teile einer alten originalen Kalkmalerei sehen.

98 Drøhses Haus

Ein Barockhaus mit Klöppelspitzenausstellungen

Eines der besterhaltenen Häuser in Tønder ist dieses denkmalgeschützte Barockhaus, welches zum Museum Sønderjylland gehört. Es wird Drøhses Haus genannt, nach dem Buchhändler F. W. E. Drøhse, der das Haus 1859 erstanden hatte. Von 1981 bis 1985 wurde das Innere des Hauses restauriert und instand gesetzt, was so gut gelang, dass Drøhses Haus den Europa-Nostra-Preis erhielt.

In Drøhses Haus finden Sie Textilien- und Klöppelspitzenausstellungen, und Sie erfahren etwas über die Geschichte der Klöppelindustrie in Westschleswig. Das Obergeschoss ist wie ein Arbeitsraum eingerichtet, denn hier wird Klöppeln unterrichtet. Alle Altersgruppen können an den Kursen teilnehmen. Ab und an sitzt auch eine Klöpplerin im Haus, um zu demonstrieren, wie es geht.

Hinter dem Haus gibt es den sogenannten Spitzengarten. Eine kleine, 200 Jahre alte Spitze lieferte die Idee für den Entwurf des Gartens. Dieser wurde dann vom Landschaftsarchitekten Niels Junggreen Have realisiert. Der Garten ist eine kleine Oase, in der man im Sommer die Sonne genießen kann.

Es ist etwas ganz Besonderes, in diesem Garten zu sitzen, mit Ziegelfliesen in warmen Terrakottafarben, einem Klöppelmuster auf den weiß glasierten Fliesen und kleinen Beeten mit Buchsbäumen und Stauden ringsherum. Ganz hinten im Garten steht eine Skulptur, die über die Jahre von Blauregen überwachsen wurde. Die Stauden des Gartens sind vorwiegend in weißen, bläulichen und violetten Farben gehalten, die jedes Jahr im Frühling die Beete schmücken. Der Garten hat auch einen kleinen Teich aus Messing. Die frühere Leiterin des Museums, Inger Lauridsen, war der Meinung, dass ein Springbrunnen zu laut sei. Daher fiel die Wahl vernünftigerweise auf einen still vibrierenden Wasserspiegel, der das Licht des Himmels in den Hof holt.

Die beste Aussicht über den Garten haben Sie vom Obergeschoss des Hauses, wenn Sie dort aus dem Fenster blicken.

Adresse Storegade 14, 6270 Tønder, www.msj.dk/droehses-hus | Öffnungszeiten wechselnd, Infos auf der Homepage, Eintritt Erwachsene 50 Kronen, Studenten 40 Kronen, Kinder unter 18 Jahren gratis; unter Tel. 7472/8989 oder über toender@museum-sonderjylland.dk können Führungen gebucht werden | Tipp In der Storegade 1 liegt das gemütliche Café Kridt mit seinem charakteristischen schwarz-weiß karierten Boden. Das Essen im Café gibt es auch zum Mitnehmen.

99 Die Goldhorn-Steine

Gedenksteine für die berühmten Goldhörner

Sind Sie einmal in der Nähe von Tønder, dann fahren Sie auf jeden Fall in Gallehus vorbei, wo zwei Gedenksteine für die dort gefundenen Goldhörner stehen. Die Gedenksteine wurden 1907 vom Grafen Otto Didrik von Schack errichtet, um anzuzeigen, dass die Goldhörner genau an dieser Stelle entdeckt wurden.

Das erste Goldhorn wurde 1639 von der Klöpplerin Kjerstine Svendsdatter gefunden, das zweite 1734 in unmittelbarer Nähe vom Bauern Erik Lassen. Die Goldhörner sind der am häufigsten erwähnte Fund aus der Eisenzeit in Dänemark, da sie eine außergewöhnliche Geschichte haben. Beide existieren nicht mehr, sie gelten aber dennoch als Nationalschätze.

Die Hörner stammen aus dem 5. Jahrhundert. Ihre Verzierungen und das Material deuten darauf hin, dass sie für religiöse Zwecke benutzt wurden. Der Fund der Goldhörner, die ein Gewicht von insgesamt sieben Kilogramm hatten und nach Kopenhagen gebracht wurden, war an sich schon aufsehenerregend. Noch aufsehenerregender aber war die Tatsache, dass sie 1802 gestohlen und eingeschmolzen wurden! Der Täter war der arme Goldschmied und Uhrmacher Niels Heidenreich, der die Goldhörner in seiner Küche einschmolz, daraus Münzen, Schmuck und Schuhschnallen machte und diese weiterverkaufte. Er wurde jedoch erwischt: 1803 gestand er den Diebstahl und kam ins Gefängnis. Die Käufer von Heidenreichs Diebesgut wurden gezwungen, das Gold an den Staat zurückzugeben, der daraus wiederum Münzen herstellte. Zwei Paar Ohrringe aus dem Gold der Hörner gibt es jedoch noch heute. Sie sind im Museum in Ringe zu sehen sowie im Nationalmuseum, wo das eine Paar zusammen mit Kopien der Goldhörner ausgestellt ist.

Auf Grundlage von Zeichnungen und Augenzeugenberichten wurden in den 1860er und 1970er Jahren Kopien der Goldhörner hergestellt. Auch diese Kopien wurden gestohlen, das letzte Mal 2007, doch sie tauchten glücklicherweise wieder auf.

Adresse Guldhornsvej, 6270 Tønder | Tipp Sie können Schmuck in Form der Figuren, die auf den zwei Goldhörnern abgebildet sind, im Museumsshop des Museums Sønderjylland kaufen (dem früheren Tønder Museum).

100 Der Kagmand

Zur Warnung und Abschreckung

Ein älteres Ehepaar hält auf dem Marktplatz von Tønder vor einer hübschen Holzfigur an. Keiner von ihnen weiß, was die Figur darstellt, und die Frau geht nah heran und liest ihrem Mann vor: »Kopie des Kagmanden?« Das Ehepaar weiß nicht, was ein »Kagmand« ist, doch zum Glück steht die Erklärung auf dem Sockel.

Im 17. und 18. Jahrhundert hatten viele nordeuropäische Städte einen zentralen Platz in der Stadt mit einem »Kag« oder Pranger, einer Säule, an der Gesetzesbrecher gefesselt und dann ausgepeitscht wurden. Es konnten ganz banale Verbrechen sein, die der Grund für die öffentliche Bestrafung waren. 1813 wurde ein Schuhmacherlehrling beim Apfelklau erwischt und sollte als Strafe öffentlich gepeitscht werden und eine Stunde lang am Pranger stehen. Glücklicherweise wurde die Strafe in eine dreitägige Gefängnisstrafe geändert, und der Lehrling durfte seine Lehre zu Ende machen. Weniger Glück hatte ein junges Mädchen, das 1865 in Tønder einen kleineren Diebstahl beging. Sie kam an den Pranger.

Auf dem Pranger stellten viele Städte einen »Kagmand« auf, eine geschnitzte Holzfigur, die die Bürger daran erinnern sollte, sich an die Gesetze zu halten.

Tønder erhielt seinen letzten »Kagmand« 1699. Acht Mann und sechs Pferde schleppten einen Eichenstamm zum Schnitzer. Dieser sollte einen Mann mit Schwert und Peitsche daraus schnitzen, der als Abschreckung für leichtlebige Frauen und Diebe gedacht war. Um 1750 wurde die Figur entfernt und lag dann viele Jahre auf dem Dachboden des Rathauses.

Als das Museum Tønder 1923 eröffnete, wurde die originale Holzfigur von 1699 als der letzte erhaltene »Kagmand« Dänemarks ein Teil der Museumssammlung, wohingegen auf dem Marktplatz eine Kopie steht und den Bürgern eine Warnung ist. Man weiß nicht, wie lange die Kopie schon auf dem Platz steht, aber sie ist eine wertvolle Erinnerung an das damalige Rechtsverständnis.

Adresse Torvet 7, 6270 Tønder | **Tipp** Im Wasserturm Tønder zeigt das Kunstmuseum der Stadt (Wegners Plads 1) eine Dauerausstellung mit Wegner-Möbeln. Der Wasserturm liegt gleich neben dem Kunstmuseum.

101 Die Møgeltønder Hauptstraße

Dänemarks schönste Hauptstraße

Haben Sie eine Hauptstraße in einem dänischen Dorf gesehen, haben Sie alle gesehen? Keineswegs. Die Slotsgade wird zu Recht als die schönste Hauptstraße Dänemarks bezeichnet. Die gepflasterte Lindenallee mit den strohgedeckten Häusern und den klassischen Straßenlampen kann einem den Atem rauben. Haben die Linden Blätter bekommen, dann ist die Hauptstraße ein besonders reizender Anblick. Die Bäume sind allerdings nicht nur Dekoration, sondern geben auch Schatten, und die Wurzeln der Bäume fungieren als Drainage. Dies ist hier besonders wichtig, da viele Häuser ohne Fundament direkt auf die Erde gebaut wurden.

Die meisten Häuser der Straße sind aus dem 18. und 19. Jahrhundert, viele von ihnen haben Mansarden und hübsche Erkerfenster. Gemäß den Satzungen der Häuser mussten diese entweder ein Strohdach oder aber rote dänische Flügelziegel haben. So hat die Slotsgade mit wenigen Ausnahmen seit 1750 immer gleich ausgesehen, und die meisten Häuser stehen heute unter Denkmalschutz.

Die Slotsgade gab es noch nicht, als der Feldherr Hans Schack 1680 Häuser in der Gegend baute. Die Häuser waren für die Handwerker von Schloss Schackenborg, und der heutige Gasthof »Schackenborg Slotskro« trug die Nummer 42.

1861 entstand ein Großbrand in der Straße, und der Gasthof sowie ein halbes Dutzend Häuser brannten nieder. Der Gasthof und der Reisestall wurden wieder errichtet, und 1907 ging der Gasthof »Slotskro« in den Besitz der Grafschaft über. Heute ist er im Besitz von Seiner Königlichen Hoheit Prinz Joachim und dem Schiffsreeder Hans Michael Jebsen. In der Nummer 19 finden Sie Sort Safari, wo Sie Outdoor-Touren buchen können. Hauptattraktion sind die »Sort Sol«-Touren, bei denen Sie das spektakuläre Phänomen von Tausenden von Staren, die über die Marsch »tanzen«, erleben können.

Adresse Slotsgaden, Møgeltønder, 6270 Tønder | **Tipp** Von der Slotsgade aus können Sie der Seitenstraße Kirkestien folgen und noch mehr hübsche alte Häuser sowie die Møgeltønder Kirche, Sønderbyvej 2, sehen.

102 Kaj Munk in Vedersø

Gedenkort für den bekannten Schriftsteller

Kaj Munk (1898–1944) war von 1924 bis zu seinem Tod 1944 Pastor in Vedersø. Er wurde am 4. Januar 1944 von fünf Gestapomännern abgeholt, in einen Wald bei Silkeborg geführt und dort erschossen. Heute ist an dieser Stelle ein Gedenkkreuz zu finden. In Vedersø gibt es viele weitere Gedenkstätten für Kaj Munk, der nebenbei auch ein talentierter Dramatiker und Debattierer war.

1924 beendete Kaj Munk sein Theologiestudium und wurde Pastor in Vedersø. Bis zu seinem Tod lebte er hier im Pfarrhaus zusammen mit seiner Frau und den Kindern. Im Pfarrhaus richtete Kaj Munk unter anderem ein Arbeitszimmer auf dem Dachboden ein, wo er dichtete und schrieb.

1945 äußerte der damalige Staatsminister den Wunsch, dass der Staat das Pfarrhaus übernehmen solle, um daraus eine Gedenkstätte für Kaj Munk zu machen. Aber erst im Juni 2011, 66 Jahre nach seinem Tod, wurde das Pfarrhaus ein offizieller Gedenkort. Heute ist es ein Treffpunkt für kulturelle Aktivitäten und eine Forschungsstätte zu Kaj Munk. In seiner Eröffnungsrede sagte der damalige Kirchen- und Kulturminister Per Stig Møller, durch die Gedenkstätte »Kaj Munk Præstegaard« werde die bedeutende Rolle, die Kaj Munk im Zweiten Weltkrieg spielte, gewürdigt.

Die offizielle Eröffnung wurde in der überfüllten Vedersø Kirche mit über 400 Gästen und einer Predigt von Kaj Munks Sohn, Mogens Munk, sowie einer Kranzablage an Kaj Munks Grabstätte begangen. Oft sind frische, schöne Kränze auf dem Grab auf dem Friedhof von Vedersø zu finden – mit lieben Grüßen von der Gemeinde.

Neben der Kirche liegt das Vedersø Heimatmuseum, in dem es ein Gedenkzimmer für Kaj Munk gibt sowie einen Raum mit einer Ausstellung für lokalhistorisch Interessierte. Auf dem Rasen, der sowohl den Eingang des Heimatmuseums als auch der Kirche markiert, steht eine Büste von Kaj Munk, um diesen besonderen Einwohner von Vedersø zu ehren.

Adresse Kaj Munks Pfarrhaus: Vesterhavsvej 7A, 6990 Ulfborg; Vedersø Heimatmuseum: Vesterhavsvej 72, 6990 Ulfborg; Vedersø Kirche: Vesterhavsvej 70, 6990 Ulfborg, www.levendehistorie.dk/forside-23 | **Öffnungszeiten** Kaj Munks Pfarrhaus hat wechselnde Öffnungszeiten, mehr Infos auf der Homepage | **Tipp** Auf levendehistorie.dk können Sie eine Führung durch Kaj Munks Pfarrhaus und die Kirche buchen.

103 Der Stein der Geschichte

Historische Begebenheiten in Stein graviert

Manchmal ist die Suche nach einem bestimmten Stein eine lange Fahrt wert. Auf jeden Fall, wenn es sich um den Stein der Geschichte handelt, der 1938 von Alfred Kaae (1892–1973) aufgestellt wurde. Kaae kam 1919 an die Schule in Torsted, wo er als Lehrervertretung angestellt war, danach bekam er Stellen an verschiedenen Schulen in der Umgebung. Er interessierte sich sehr für Geschichte und schrieb viele lokalhistorische Werke, die er selbst illustrierte.

Sein wohl bekanntestes Werk ist der Stein der Geschichte, in dem die Highlights der Geschichte Dänemarks eingraviert sind. Die Grundidee kam aus der nordischen Mythologie. Deshalb sieht man in der Mitte des Steins den Baum des Lebens, die Esche Yggdrasil, deren Äste die Welt umarmen und deren Wurzeln Nahrung aus Mimirs Brunnen bekommen.

Am Fuße des Baumes liegt das Auge des Gottes Odin, welches er als Pfand für die Weisheit gegeben hat. Am Baumstamm läuft das Eichhörnchen Ratatosk hoch und runter und erzählt alles, was unten in der Menschenwelt geschieht.

Es sind außerdem verschiedene Jahreszahlen in den Stein gehauen, die auf große Begebenheiten der Geschichte Dänemarks verweisen, wie zum Beispiel das Jütische Recht (1241), die Reformation (1536), die Einführung des Grundgesetzes (1849) und die Wiedervereinigung Südjütlands mit Dänemark (1920).

Der Stein der Geschichte ist ein einzigartiges Kunstwerk. Um ihn zu finden, müssen Sie Richtung Ulfborg fahren. Zwischen den Dörfern Ulfborg und Torsted stoßen Sie auf ein Schild, das Ihnen den Weg zur Kronhede Lejrskole zeigt. Dies ist auch der Weg zum Stein. Alfred Kaae war einmal Lehrer an der Kronhede Lejrskole. Die Schule erhielt den Stein und platzierte ihn am Übergang von Wiese zu Wald. Wenn die Sonnenstrahlen durch die Baumkronen scheinen und Lichtflecke auf dem Stein hinterlassen, wirkt dieser dadurch total magisch.

Adresse Kaaesvej 7, 6990 Ulfborg | Tipp Packen Sie etwas zu essen ein. Der Wald oder die Wiesen dort sind toll für ein Picknick.

104 Das Artilleriemuseum

Die Geschichte der Artillerie seit dem Mittelalter

Das Artilleriemuseum in Varde erblickte 1984 in den Räumen der dortigen Kaserne das Licht der Welt. Doch die Räume waren zu klein. Das Artilleriemuseum wurde daher mit dem Museum in Varde zusammengelegt und zog ins stillgelegte Stahlwerk Varde, wo das Museum von Königin Margrethe 1992 eingeweiht wurde. Die Ausstellung zeigt die Geschichte der dänischen Artillerie vom Mittelalter bis heute, ihre Geschütze, Munition, Uniformen und Ausrüstungen.

Der Schwerpunkt liegt auf den Kanonen aus dem Kalten Krieg, eine Ausstellung erzählt die Entwicklung der dänischen Artillerie in der dänischen und in der Weltgeschichte. Neben den vielen Kanonen können Sie auch Uniformen, Handwaffen und weitere Ausrüstung sehen.

Die älteste Kanone in der Sammlung ist die Anholt-Kanone, die in einem Schiffswrack vor Anholt gefunden wurde. Die Sammlung zeigt auch ein 36-Pfund-Geschütz, konstruiert nach dem System von Jacob Scavenius Fibiger von 1834. Es wurde unter anderem in der Schlacht bei Dybbøl 1864 benutzt.

Hier gibt es auch eine selbstfahrende Haubits M109A3, die seit 1965 in Dänemark verwendet wird. Dänemark hatte 1989 die Modernisierung aller Exemplare der Haubits109, die zur Haubits M109-Version A3 mit Eigenantrieb aufgerüstet wurden, abgeschlossen. Hier verlieren manche Leser das Interesse, doch viele Männer interessieren sich für diese Fakten. Auf jeden Fall ist dies der Eindruck der vier Artilleristen im Ruhestand. Sie erzählen schmunzelnd, dass sich vor allem die männlichen Touristen für das Museum begeistern, während die bessere Hälfte lieber in der Stadt shoppen geht. Die vier meinen, dass das Modell »Männer im Museum, Frauen beim Shoppen« eine Win-win-Situation für Varde ist und das Museum deshalb 2015 einen Besucherrekord verzeichnen konnte.

Das Artilleriemuseum hat auch einen kleinen Museumsshop mit einer großen Auswahl an Büchern.

Adresse Vestervold 11A, 6800 Varde | Öffnungszeiten 1. Feb.–30. Juni und 1. Sept.–31. Okt. Di–So 10–14 Uhr, 1. Juli–31. Aug. täglich 10–16 Uhr, Eintritt Erwachsene 50 Kronen, Kinder unter 18 Jahren gratis | Tipp Möchten Sie weiter in den Westen, dann ist die Halbinsel Skallingen, zwischen Blåvand und Fanø, zu empfehlen. Sie ist naturgeschützt und unbewohnt. Ihre alte Rettungsstation zeigt eine Ausstellung über die Geschichte der Gegend und das Vogelleben.

105_Die Ministadt

Die älteste der Welt

Haben Sie Lust zu erleben, wie die Stadt Varde um 1866 aussah, sollten Sie unbedingt die Ministadt Varde besuchen, die aus mehr als 300 Gebäuden besteht, die im Größenverhältnis 1:10 ausgeführt sind. Alle Gebäude sind exakte Kopien von Häusern der Stadt, wie sie vor 150 Jahren ausgesehen haben. Damals pflegten die Einwohner einen sehr unvorsichtigen Umgang mit offenem Feuer, was zu zwei Großbränden führte, die jeder eine Stadthälfte niederbrannten, sodass die Häuser wieder aufgebaut werden mussten.

1866 bestanden Vardes Straßen aus 120.000 Pflastersteinen, daher liegen 120.000 Mini-Pflastersteine in der Ministadt. Diese sind zum Glück nicht so gelegt worden, dass sie ältere und gehbehinderte Besucher daran hindern, das Museum zu besuchen, so wie man es in einigen Städten erleben kann.

Die Ministadt Varde ist die älteste Ministadt der Welt. 2016 hatte sie ihr 50. Jubiläum, das mit freiem Eintritt für Kinder und besonderen Aktionen gefeiert wurde. Doch die Ministadt wendet sich auch an Eltern und Großeltern. Egal, wie alt man ist, es ist unterhaltsam, sich wie ein Riese zu fühlen zwischen den handwerklich korrekt ausgeführten Minihäusern.

Alle Minihäuser werden von Grund auf mit Backstein, Dachziegeln, Türen, Fenstern und Rahmen gebaut, was sehr viel Präzision und Sorgfalt erfordert – und über diese verfügen die sogenannten Mini-Maurer, zwölf Rentner, die jeden Tag in ihrer Werkstatt viele kleine Häuser bauen.

Nehmen Sie an einer kostenlosen Fotoschnitzeljagd teil, bei der verschiedene Posten gesucht und gefunden werden müssen. Auch viele Brautpaare kommen mit einem Fotografen hierher, um ganz besondere Hochzeitsfotos machen zu lassen.

Der Arnbjergpark bildet den Hintergrund für die Ministadt, und der Spaziergang durch den Park auf dem Weg zur Ministadt ist herrlich.

Adresse Enghavevej 23, 6800 Varde, www.minibyen.vardekommune.dk | **Öffnungszeiten** Mitte Mai – Ende Okt., mehr Infos auf der Homepage, Eintritt Erwachsene 40 Kronen, Kinder von 3 – 11 Jahren 12 Kronen | **Tipp** Sie können den Mini-Maurern von Mai – Okt. jeden Mittwoch von 9 – 12 Uhr kostenlos bei der Arbeit zuschauen (Vestervold 18C, 6800 Varde).

106 Die Varde Au

Ein Strom von Erlebnissen

Die 40 Kilometer lange Varde Au fließt durch die Stadt Varde und mündet in die Ho-Bucht nördlich von Esbjerg. Die Varde Au ist ein größerer Wasserlauf, der nicht von Deichen und Schleusen reguliert wird. Spezielle Naturverhältnisse, wie unter anderem die Gezeiten in der Ho-Bucht, beeinflussen den Wasserstand und die Strömungsgeschwindigkeit auch weit oben in der Au, die Teil eines Vogelschutzgebiets und EU-Lebensraum ist.

Der Ruderclub Varde besitzt ein Clubhaus direkt an der Au, sodass die Ruderer die günstigen Bedingungen des Orts genießen können. Dasselbe gilt für Spaziergänger, da ein Naturpfad direkt an der Au entlangführt, fast von der Quelle bis zur Mündung.

Die Au zieht jährlich viele Angler aus dem In- und Ausland an, denn es gibt eine Fülle an Fischarten, wie Bachforellen, Äschen, Schnäpel und Hechte, doch es sind besonders die Lachse und die Bachforellen, die die Angler interessieren.

Natürlich braucht es auch gute Anglergeschichten – die Varde Au kam 2010 in die Zeitung, als ein Angler einen 121 Zentimeter langen und 20,4 Kilogramm schweren Lachs fing.

Die Au ist so beliebt und bedeutungsvoll für die Region, dass sie ihren eigenen Tag bekommen hat. Der Varde-Au-Tag fand das erste Mal 2012 als Teil des Wattenmeer-Projekts statt, welches vom Europäischen Fonds für Regionale Entwicklung unterstützt wird. Ziel des Varde-Au-Tages war es, Interessenten und Personen rund um das Varde-Au-Tal zu versammeln für ein jährliches Touristen-Event mit Schwerpunkten auf Natur, Kultur und Produkten, die mit der Au in Verbindung stehen. Die Veranstaltung wurde von Freiwilligen durchgeführt, und in den Städten entlang der Varde Au wurden viele Aktionen geboten. Das Publikum konnte unter anderem eine Raubvogel-Show, Surfing, Ponyreiten, Wanderungen, Kutschfahrten und einen Oldie-Treff erleben. Auf einem Markt wurden verschiedene lokale Spezialitäten angeboten.

Adresse Varde Roklub (Ruderclub): Dronning Margrethes Vej 15, 6800 Varde | Tipp Mehr Infos über das kommende Programm des Varde-Au-Tages finden Sie auf vardeaadag.dk oder facebook.com/Vardeaadag.

107 Nørre Vosborg

Der Ort, an dem H. C. Andersen übernachtete

Mit über 700 Jahren Geschichte ist Nørre Vosborg, ungefähr 20 Kilometer westlich von Holstebro, ein ganz besonderer Herrensitz. Alleine der Anblick des Herrensitzes wird Sie beeindrucken. Nicht zu übersehen ist der tolle Turm, der das Wahrzeichen des Nørre-Vosborgs-Hofs ist. Der Turm wurde 1788 vom damaligen Besitzer errichtet, der sich möglicherweise von der holländischen Architektur inspirieren ließ. Ob dies auch der Grund ist, warum die Uhr nur einen Zeiger hat, ist ungewiss. Der Name Vosborg wurde 1299 zum ersten Mal in einem Dokument erwähnt.

Im Laufe der Zeit haben hier viele prominente Gäste übernachtet. Im Juli 1859 wohnte H. C. Andersen auf dem Gutshof und schrieb hier unter anderem Gedichte und »Eine Geschichte aus den Dünen«. Er phantasierte und schrieb über die Geister des Orts, die ihn laut seiner Aussage nie besucht haben.

Heute ist der Nørre-Vosborg-Hof denkmalgeschützt und im Besitz von Realdania Byg, einer Vereinigung, die Gebäude für die Nachwelt erhält. Der Hof wird vom Nørre-Vosborg-Fonds betrieben, dessen Aufgabe es ist, den Hof zu erhalten, das Hotel und das Restaurant zu betreiben und kulturelle Veranstaltungen zu organisieren. 2004 fand eine umfassende Restaurierung mit Umbau statt, und 2008 öffneten die Pforten des frisch renovierten Gutshofs wieder.

Eine der Besonderheiten von Nørre Vosborg ist, dass es sich um eine vierflügelige Burganlage handelt mit Gebäuden aus vier verschiedenen Jahrhunderten. In den Gebäuden finden Sie einen Rittersaal, ein Konferenzzimmer, ein Restaurant, den Scheunenhof mit Café, einen Multi-Saal mit Platz für 300 Gäste, große Ausstellungsräume und 56 Hotelzimmer.

Es ist nicht überraschend, dass der Herrensitz umgeben ist von herrlicher Natur, wo Sie wandern, angeln und Golf spielen können. Der nahe gelegene Nissum Fjord und die umliegende Gegend sind ein Wildreservat mit vielen einzigartigen Pflanzen und Tieren.

Adresse Vembvej 35, 7570 Vemb, www.nrvosborg.dk | Öffnungszeiten So und feiertags 13–16 Uhr, Juli und Aug. auch mittwochs, mehr unter Tel. 9748/4897, Eintritt Erwachsene 75 Kronen, Kinder unter 18 Jahren gratis | Tipp Der Park um den Herrensitz (der auch Eventyrkrattet genannt wird) hat das ganze Jahr geöffnet.

108_Agger Tange

Das Eldorado für Vögel und Vogelliebhaber

Am südlichen Ende des Nationalparks Thy liegt Agger Tange, einer der wichtigsten Rastplätze Europas für Wasservögel. Ursprünglich wurden das Meer und der Limfjord von einer Sandzunge geteilt, die aber im Jahr 1825 vom Meer durchbrochen wurde. Das Salzwasser führte zu einer kleineren Naturkatastrophe für das Leben im Limfjord – aber dafür ergaben sich gute Landemöglichkeiten.

Die Landzunge ist um die zehn Kilometer lang und eineinhalb Kilometer breit und besteht aus mehreren Kilometern Dünenheide zur Nordsee hin. Ein phantastischer Anblick für alle, die von der Stadt Agger gen Süden fahren. Im Westen gibt es einen Strandsee, und im Osten liegt die Bucht Krik Vig. Auf der Fahrt stoßen Sie auf der rechten Seite auf eine Straße mit Parkplatz. Von hier aus können Sie den Kieswegen sowohl Richtung Süden als auch Richtung Norden folgen.

Agger Tange ist ein EU-Vogelschutzgebiet. Zu den vielen Arten, die auf Agger Tange brüten, gehören Höckerschwäne, Stockenten, Blesshühner, Säbelschnäbler, Rotschenkel, Kampfläufer und Uferschnepfen. Das reiche Vogelleben ist entstanden, da Agger Tange auf dem natürlichen Zugweg entlang der Westküste liegt. Am besten kann man die Vögel von den Rastplätzen entlang des Færgevejen, vom Ausguckposten am nördlichen Ende der Landzunge und vom Dach des Info-Gebäudes aus erleben. Hier können Sie auch Seehunde beobachten. In der Gegend sind sowohl professionelle Fotografen mit großen Objektiven als auch Laien unterwegs, daneben Familien, die ihr Picknick in der Natur genießen.

Agger Tange wurde unter Schutz gestellt, um die Verhältnisse für die vielen Zug- und Brutvögel zu verbessern. Der dänische Naturschutz verwaltet das Land und lässt hier Rinder grasen, damit die Landzunge nicht zuwächst. Das gute Fleisch dieser Rinder kann ganzjährig beim Metzger Vorupør Slagter in Thisted (Vesterhavsgade 43, Vorupør) unter dem Namen »Galloway« gekauft werden.

Adresse Aggervej, 7770 Vestervig | Tipp Ganz im Süden (Aggervej 35) liegt das Info-Gebäude Svaneholmhus mit einer Ausstellung über Agger Tange. Tagsüber geöffnet.

109 Das Fiskerhuset

Ein Haus, das die Geschichte Aggers erzählt

Nur wenige Orte in Dänemark waren den Kräften der Natur so stark ausgesetzt wie das kleine Fischerdorf Agger. Immer wieder spülte das Meer das Land weg oder überschwemmte gleich die ganze Landzunge. Die Menschen lebten hier unter harten Bedingungen, und erst mit dem umfassenden Küstenschutz und dem Buhnenbau wurde den wiederkehrenden Überflutungen des Landes Einhalt geboten.

Auch wenn das Meer ein unbesiegbarer Begleiter war, verdienten hier viele Menschen ihren Lebensunterhalt, und die Familien passten sich den harten Bedingungen an. Es gab jedoch auch Fischerfamilien, die 1864 weiter in die Dünen im Norden zogen und dort das Fischerdorf Lyngby gründeten. Andere wiederum zogen weiter in die Limfjord-Gegend.

Man findet immer noch viele interessante Spuren der Geschichte Aggers in der Stadt, darunter gut erhaltene Fischerhäuser, die einen Eindruck von den einfachen Lebensbedingungen damals vermitteln. Das berühmteste unter ihnen ist das Fischerhaus. Es ist niedrig und windschief, hat aber dennoch einen besonderen Charme und ist ein wahres Museumsstück. Es wurde vermutlich 1749 gebaut, denn in der Küche ist diese Jahreszahl in eine Schranktür geschnitzt. Die authentisch eingerichteten Zimmer bieten dem Besucher einen guten Einblick in den Alltag der damaligen Bewohner. Man erfährt, welche Möbel sie besaßen und welches Werkzeug sie benutzten.

Das Fischerhaus hat einen Anbau, in dem jeden Sommer eine Ausstellung zum Leben in Agger gezeigt wird. Gehen Sie an einem sonnigen Sommertag im Fischerhaus lange genug umher, fühlen Sie sich in die raue Zeit zurückversetzt, und es ist stimmt nachdenklich, wenn man das Haus dann verlässt, im hohen Gras steht und die Nachbarhäuser betrachtet, wo die heutigen Bewohner den Rasen mähen und ihre Wäsche aufhängen, ganz unberührt von den vielen Besuchern des Fischerhauses.

Adresse Toftevej 9, Agger, 7770 Vestervig | **Öffnungszeiten** 1. Juli – 15. Aug. täglich 14 – 17 Uhr, Eintritt Erwachsene 15 Kronen, Kinder unter 18 Jahren gratis | **Tipp** Das Fischerhaus in Stenbjerg (Stenbjerg Kirkevej 11, 7752 Snedsted) liegt nahe dem Nationalpark Thy. Es wurde renoviert und kann nach Absprache gemietet werden. Mehr Infos auf fiskerhuset-stenbjerg.dk.

110 Die Schwarzen Häuser

Eine Ausstellung über die Geschichte Aggers

Möchten Sie mehr über Küstensicherung, Strandungen, Rettungswesen, Küstenfischerei und die Kirchen in Agger erfahren, dann ist der Besuch der Schwarzen Häuser ein Muss. Die Holzhäuser waren ursprünglich rot, wurden später aber schwarz angemalt. Sie wurden Ende des 19. Jahrhunderts errichtet, als das Vandbygningsværk (welches heute Kystdirektorat heißt) mit dem Buhnenbau und der Küstensicherung auf Agger Tange begann. Die Schwarzen Häuser wurden als Werkstätten, Büros, Lagerräume und Garagen genutzt und bildeten eine kleine Stadt in Øster Agger am Deich, ganz nahe am Meer. Nicht nur Fischer und Arbeiter, sondern auch Kinder waren am ersten Buhnenbau beteiligt. Die Kinder schlugen Nägel in Pfähle, welche dann im Meeresboden verankert wurden. Die Nägel mussten dicht sitzen, damit sie den Angriff von Holzwürmern verhindern konnten, und manche Kinder schafften ganze 10.000 Nägel am Tag.

Die Küstenschutzarbeiten waren langwierig und mühsam, denn mehrere Male wurden die Anlagen von der Natur zerstört, und so mussten die Arbeiter wieder von vorne anfangen.

Anfang der 1950er waren immer noch um die 150 Mann mit dem Bau beschäftigt, von da an wurden es jedoch weniger, und 1973 waren nur noch 15 Mann übrig. Der Bau war erfolgreich, doch auch heute noch ist die Küstensicherung und Wartung der Anlage eine wichtige Aufgabe. An der Südspitze von Agger Tange wird regelmäßig Sand zugeführt, um das Meer auf Abstand zu halten.

1999 wurden die Schwarzen Häuser einer Institution übergeben, die von ehrenamtlichen Enthusiasten betrieben wird und die sich darum kümmert, die Häuser zu erhalten. Heute gibt es in einem der Häuser eine kleine Ausstellung. Plakate informieren über den Buhnenbau und den Küstenschutz. Auch kleine Jazz-, Blues- oder Rockkonzerte werden abgehalten. Somit sind die Häuser gleichzeitig ein kultureller Treffpunkt in Agger.

Adresse Aalumvej 32, Agger, 7770 Vestervig | Tipp Dänemarks größtes eintägiges Sportevent, der Ladywalk, findet jedes Jahr am letzten Sonntag im Mai in mehreren Städten statt. Sowohl die Sieben- als auch die Zwölf-Kilometer-Route starten bei den Schwarzen Häusern.

111 Die Westküstenroute

Von Rudbøl bis Skagen

Auch wenn es schneller geht und praktischer ist, mit dem Auto an der Westküste entlangzufahren, so gibt es doch eine schönere Alternative – vorausgesetzt, Sie haben trainierte Beine. Die Westküstenroute ist Dänemarks nationale Fahrradroute, und sie führt entlang des Weltnaturerbes, dem Wattenmeer. Die Route ist Dänemarks längste ausgeschilderte Fahrradroute und bietet, im Gegensatz zu den meisten anderen Routen, viele Kontraste. Sie ist insgesamt 560 Kilometer lang und führt Sie durch Wälder, Heide, und Marsch, über Dünen, an Fjorden vorbei und durch zwei Nationalparks. Sie kommen auch durch einige Städte, darunter Ribe, die älteste Stadt Dänemarks.

Aktuell gibt es elf nationale Fahrradrouten in Dänemark. Sie wurden 1993 auf Ersuchen des Vereins »Freie Vögel« in Zusammenarbeit mit der Naturstyrelsen, der Behörde für Naturschutz, eingerichtet. Die nationalen Fahrradrouten sind mit kleinen viereckigen blauen Schildern mit Fahrradsymbol und weißer Zahl auf rotem Grund ausgeschildert. Die Nummer 1 ist die Westküstenroute. Es wird empfohlen, mit breiten Reifen zu fahren, denn auch wenn 70 Prozent der Strecke aus Asphalt bestehen, gibt es kurze Strecken mit Sand und Steinmehl, zum Beispiel die Naturpfade im Nationalpark Thy.

Möchten Sie die Westküste vom Fahrrad aus erleben und wirkt die Route etwas zu herausfordernd, dann können Sie auch der Panoramaroute folgen. Es gibt 16 ausgeschilderte Strecken, die an erstklassigen Panoramaaussichten und Orten der Ruhe vorbeiführen. Die Fahrradstrecken der Panoramaroute sind zwischen 20 und 50 Kilometer lang und folgen der Nordsee und der Westküste. Sie befinden sich auf Rømø und Fanø, in Tønder, Ribe, Lemvig und Agger. Die 16 Strecken führen im Kreis, sodass die Tour da endet, wo sie angefangen hat. Teils sind die Strecken auch für Kinder geeignet, und alle liegen sie nahe an Übernachtungsorten oder Gaststätten.

Adresse Die Westküstenroute geht von Rudbøl bis nach Skagen. Sie können Ihre Tour auf der Homepage planen: www.vestkystruten.dk. | **Tipp** Der Fahrradverband, Dänemarks Interessenorganisation für Fahrradfahrer, hat auch eine Homepage, auf der Sie Ihren Fahrradurlaub planen können: cyclistic.dk.

1
2
3
4
5
6
7
8
9
10
11
12
21
22
23
85
88
Hirtshals
Hjørring
Frederikshavn
Løkken
Brønderslev
Aabybro
Hanstholm
Klitmøller
Frøstrup
Aalborg
Løgstør
Thisted
Nykøbing Mors
Aars
Hobro
Skive
Struer
Viborg
Randers
Holstebro
Ringkøbing
Herning
Ikast
Silkeborg
Aarhus
Skjern
Horsens
Grindsted
Billund
Vejle
Varde
Fredericia
Esbjerg
Vejen
Kolding
Odense
Ribe
Nyborg
Haderslev
Aabenraa
Tønder
Sønderborg
N
0
15 km

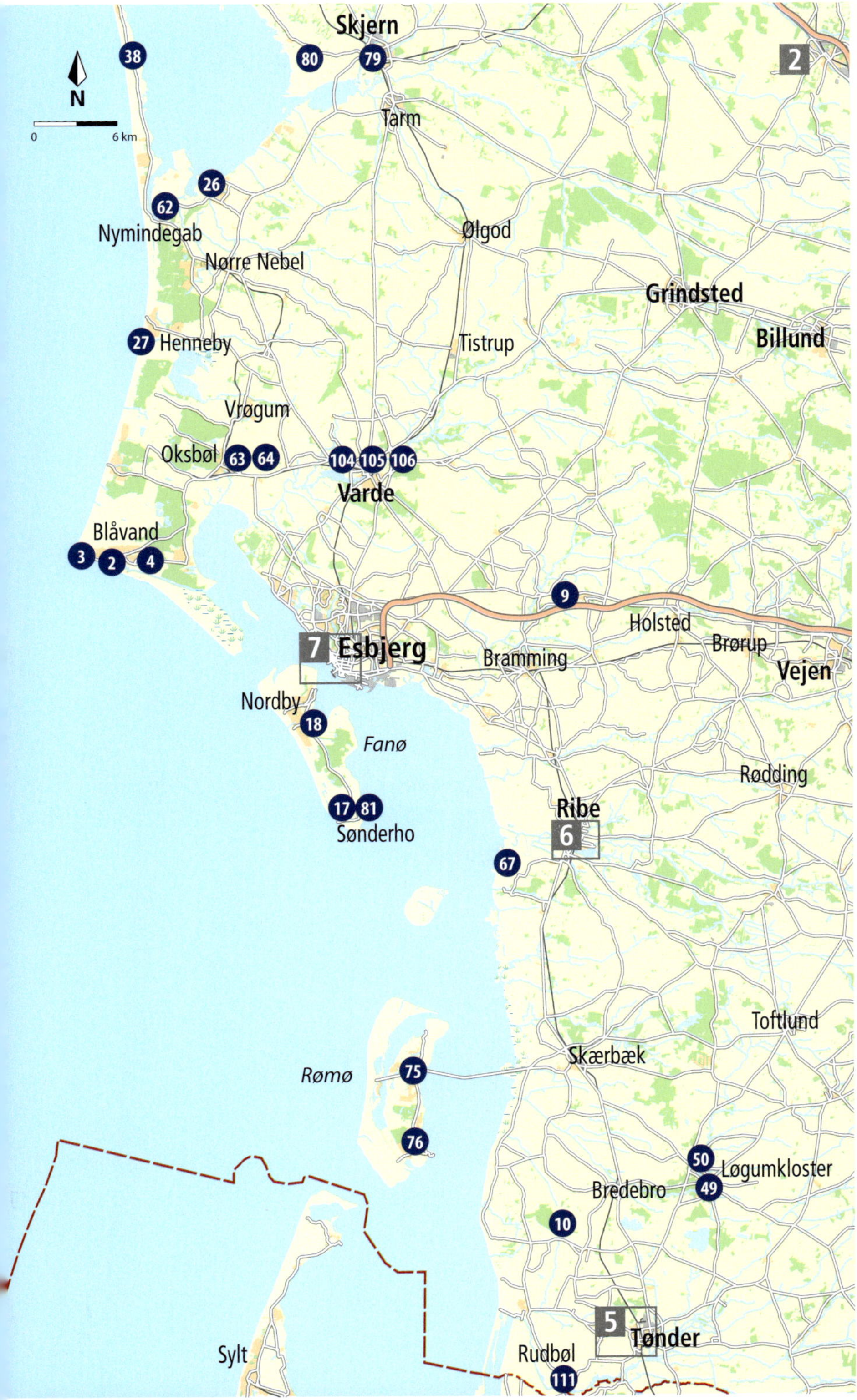
N
0
6 km
Skjern
2
Tarm
Ølgod
Nymindegab
Nørre Nebel
Grindsted
Billund
Henneby
Tistrup
Vrøgum
Oksbøl
Varde
Blåvand
Holsted
Brørup
7
Esbjerg
Bramming
Vejen
Nordby
Fanø
Rødding
Sønderho
Ribe
6
Toftlund
Skærbæk
Rømø
Løgumkloster
Bredebro
5
Tønder
Sylt
Rudbøl

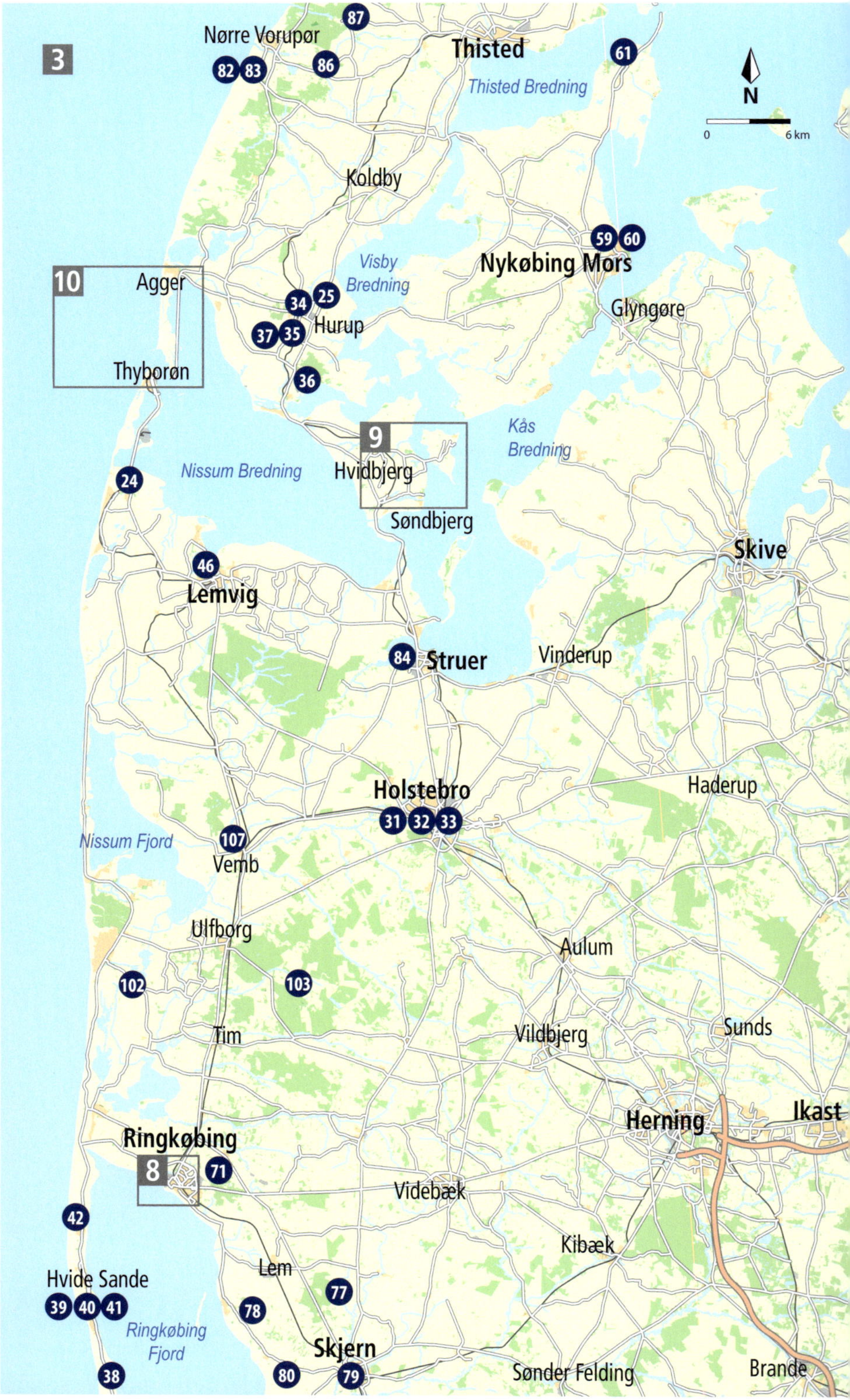
3
Nørre Vorupør
87
82
83
86
Thisted
Thisted Bredning
61
N
0
6 km
Koldby
59
60
Visby
Bredning
Nykøbing Mors
10
Agger
34
25
Hurup
Glyngøre
37
35
Thyborøn
36
9
Kås
Bredning
Nissum Bredning
Hvidbjerg
24
Søndbjerg
Skive
46
Lemvig
84
Struer
Vinderup
Holstebro
Haderup
31
32
33
Nissum Fjord
107
Vemb
Ulfborg
Aulum
102
103
Tim
Vildbjerg
Sunds
Herning
Ikast
Ringkøbing
8
71
Videbæk
42
Kibæk
Lem
Hvide Sande
39
40
41
77
78
Ringkøbing
Fjord
Skjern
38
80
79
Sønder Felding
Brande

4
N
0
5 km
Hirtshals
12
Lønstrup
Hjørring
11
Løkken
8
7
6
Blokhus
Hune
5
Jammerbugten
Brønderslev
Aabybro
11
12
Fjerritslev
Brovst
19
20
Nørresundby
Aalborg
Limfjorden
47
48
Løgstør

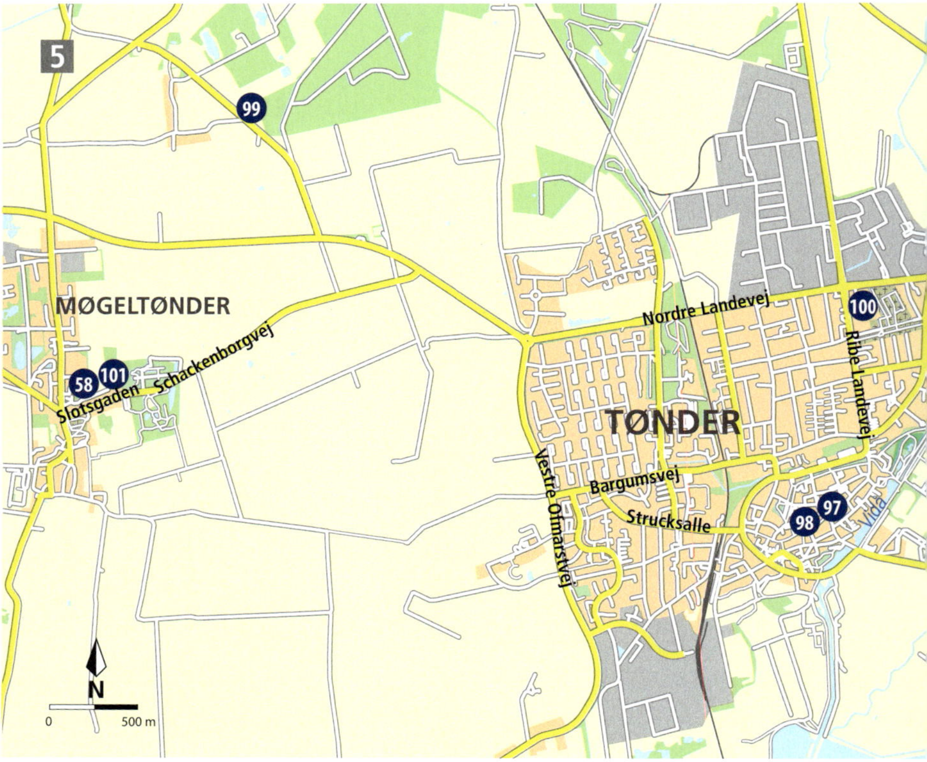
5
99
MØGELTØNDER
Schackenborgvej
58
101
Slotsgaden
Nordre Landevej
100
Ribe Landevej
TØNDER
Vestre Ottmarstvej
Bargumsvej
Strucksalle
97
98
Vida
N
0
500 m

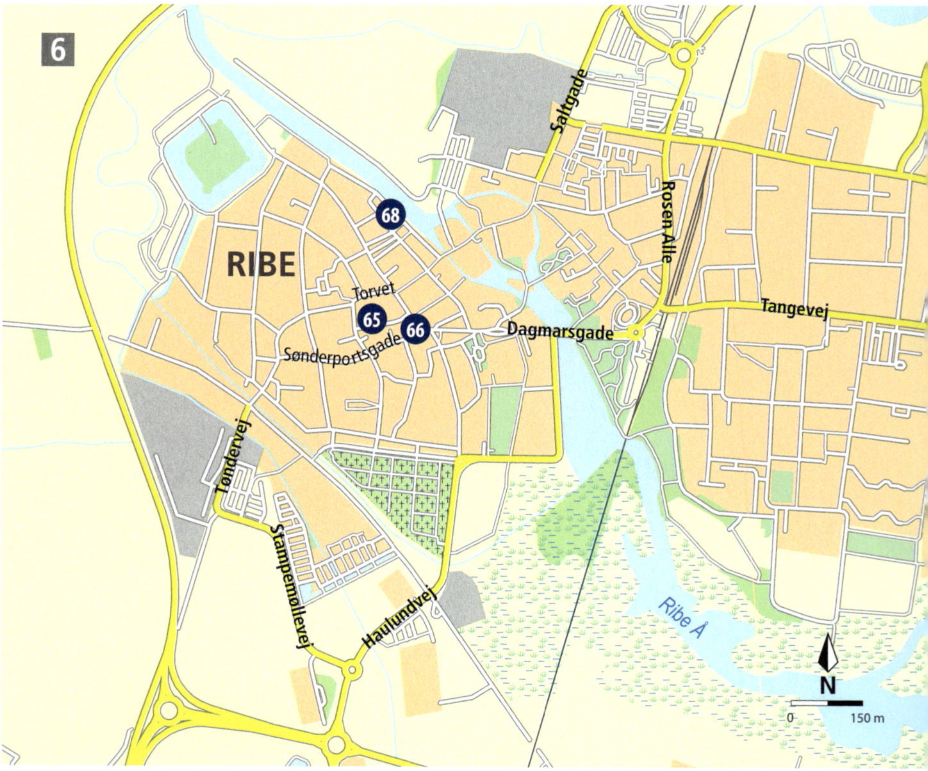
6
Saltgade
68
RIBE
Rosen Alle
Torvet
65
66
Sønderportsgade
Dagmarsgade
Tangevej
Tøndervej
Stampemøllevej
Haulundvej
Ribe Å
N
0
150 m

7
GJESING
SÆDDING
SPANGSBJERG
ESBJERG
16
14
13
15
N
0
500 m

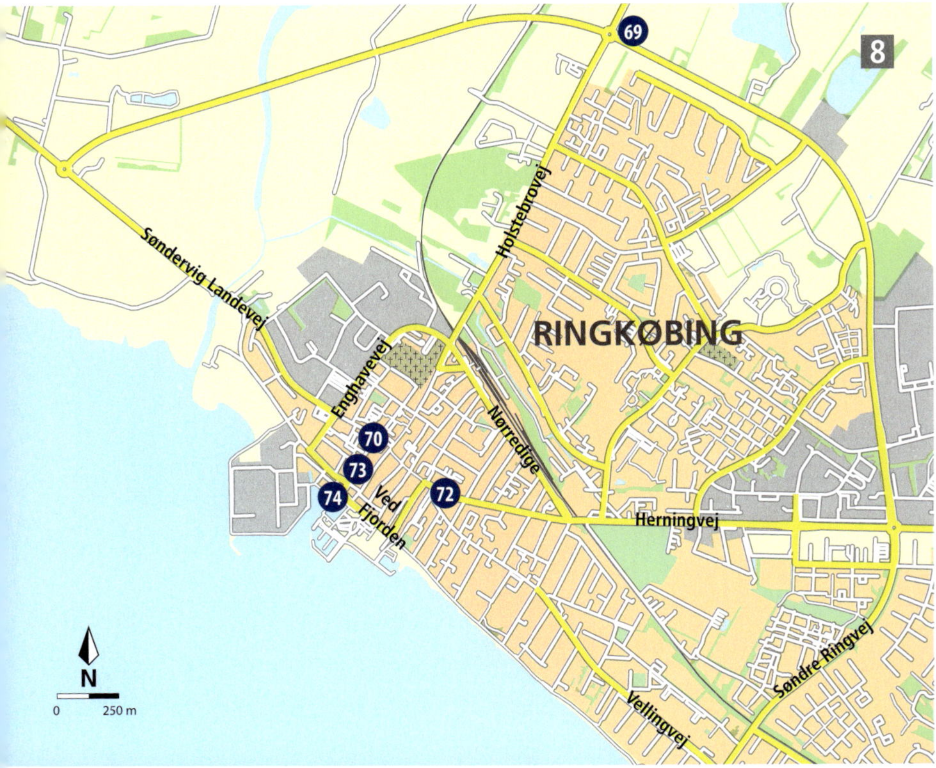
8
RINGKØBING
Søndervig Landevej
Holstebrovej
Enghavevej
Nørredige
Ved Fjorden
Herningvej
Vellingvej
Søndre Ringvej
69
70
73
74
72
N
0
250 m

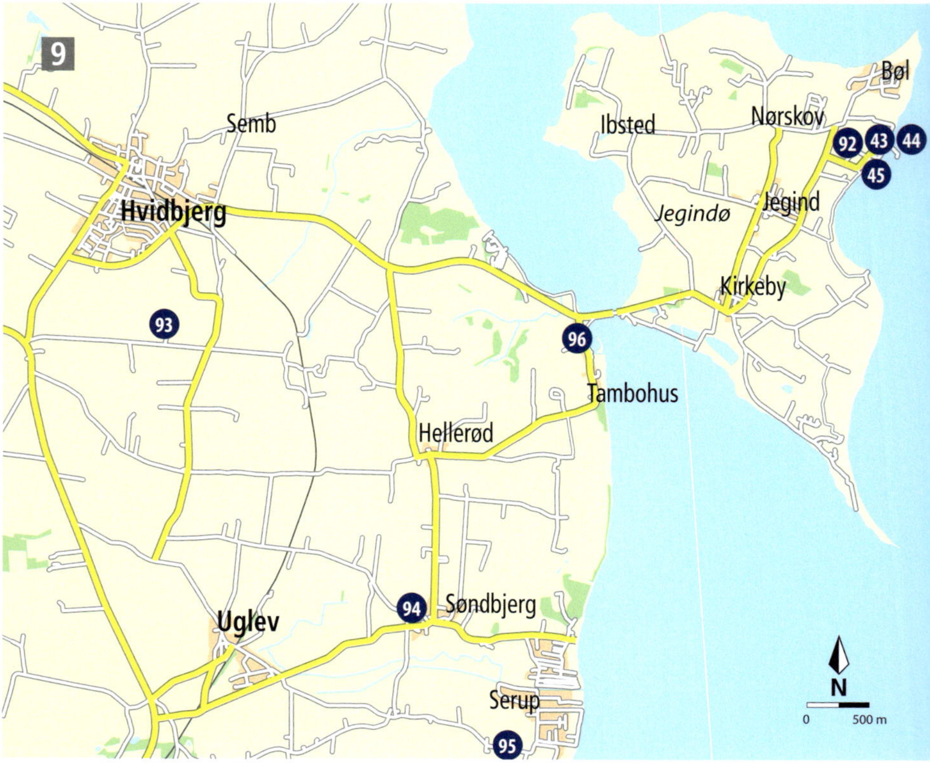
9
Semb
Ibsted
Nørskov
Bøl
92
43
44
45
Hvidbjerg
Jegindø
Jegind
Kirkeby
93
96
Tambohus
Hellerød
94
Søndbjerg
Uglev
Serup
95
N
0
500 m

10
110
109
Agger
1
Vestervig
108
90
89
Thyborøn
91
N
0
1 km

11
54
51
52
LØKKEN
Løkkensvej
Vrenstedvej
Søndergade
Løkkensvej
Trudslevvej
HVORUP KLIT
N
0
250 m

12
SKALLERUP KLIT
28
29
Grønne Klitvej
LØNSTRUP
Møllebakkevej
56
55
Lønstrupvej
30
Rubjergvej
53
57
N
0
500 m

Die Autorin

Britt Nørbak (geboren 1973 in Aalborg) ist Journalistin, Herausgeberin und Autorin. Sie arbeitet für Magazine, Wochenzeitungen und Fachzeitschriften. Sie hat unter anderem einen Reiseführer zu Aalborg (2016, auch in Englisch: A Natives Guide für Aalborg) geschrieben. Bis auf einen kurzen Aufenthalt in Deutschland hat sie immer in Jütland gelebt und gearbeitet. Sie mag es, ihre Heimat zu erkunden, und besonders die Westküste von Jütland hat einen großen Platz in ihrem Herzen.